# SHIBORI

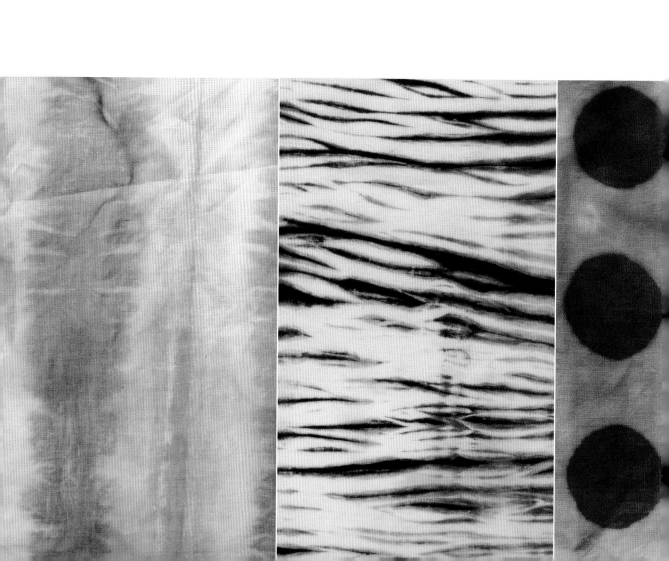

# SHIBORI

El arte japonés para teñir tus prendas de
vestir y ropa de casa de forma artesanal
y con un diseño actual

**Pepa Martin / Karen Davis**

GGDiY

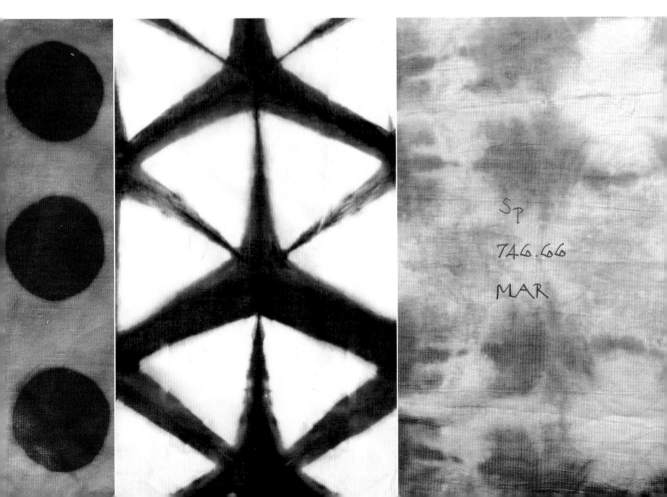

Título original: *Tie, Dip, Dye* publicado en 2015 por
David & Charles, un sello de F&W Media
International, Ltd., Newton Abbot, Reino Unido.

Dirección de arte: Caroline Guest
Diseño: Simon Brewster
Estilismo: Johan Mangila
Fotografía: Luisa Brimble
Ilustración: John Woodcock

Versión castellana de Belén Herrero
Edición a cargo de Begoña Robles
Diseño de la cubierta: Toni Cabré/Editorial
Gustavo Gili, SL

*Printed in China*
ISBN: 978-84-252-2867-4

**Editorial Gustavo Gili, SL**
Via Laietana 47, 2º, 08003 Barcelona, España.
Tel. (+34) 93 3228161
Valle de Bravo 21, 53050 Naucalpan, México.
Tel. (+52) 5555606011

# Sumario

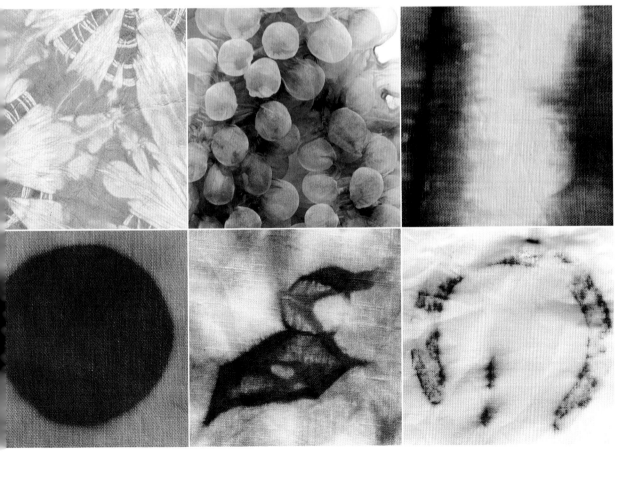

# Acerca de este libro

Este volumen presenta doce técnicas y tres variantes de cada una de ellas, que son la demostración palpable de que en el universo de la tinción no existen reglas estrictas. Así, podrás combinar técnicas, colorantes y pliegues diversos para crear piezas de singular belleza. Cada una de estas técnicas, a su vez, va acompañada de un proyecto, desde una bolsa para la compra realizada con arashi hasta un vestido teñido mediante un degradado por inmersión, con el que podrás poner en práctica los conocimientos adquiridos.

Al principio del libro, se dedica un capítulo a los materiales y los utensilios necesarios, así como a diversas consideraciones sobre el color y el modo de colocar los diseños, lo que te ayudará a sacar el máximo rendimiento del proceso de tinción.

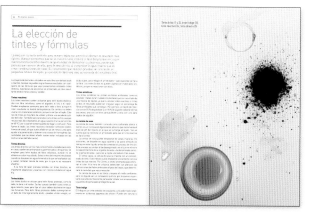

**PRIMEROS PASOS**
El objetivo de este capítulo es garantizar que puedas contar con los materiales y herramientas necesarios para conseguir resultados óptimos en el proceso de tinción. En él se detallan asimismo una serie de fórmulas clave para la obtención de tintes que utilizaremos a lo largo del libro.

**DIAGRAMAS DE PLEGADO**
Ilustraciones claras y sencillas que muestran las técnicas más habituales para doblar tejidos utilizadas en este volumen.

### PRESENTACIÓN Y MATERIALES

En este apartado se contextualiza la técnica en cuestión y se ofrece una lista de los utensilios y materiales que necesitarás para ponerla en práctica.

### INSTRUCCIONES PASO A PASO

Se detallan aquí los pasos a seguir para reproducir las diversas técnicas en casa, complementados con fotografías a color que muestran los resultados obtenidos en cada fase del proceso.

### VARIANTES DE COLOR Y DE ESTAMPADO

Junto a cada técnica, y para que te sirvan de inspiración, el libro presenta tres variantes de colorido y de estampado que puedes conseguir introduciendo pequeñas modificaciones en el proceso.

### PROYECTOS

Detallados con instrucciones paso a paso, te permitirán crear hermosas piezas para tu uso personal o para tu hogar. También se ofrecen consejos útiles para que obtengas los mejores resultados con cada una de las técnicas.

## RECOMENDACIONES SOBRE SALUD Y SEGURIDAD

A la hora de manipular los productos químicos y los tintes que intervienen en los procesos de estampación, es importante que sigas por precaución estos protocolos de salud y seguridad:

- El área de trabajo debe estar situada en una zona bien ventilada.
- Evita inhalar colorantes en polvo o vapores procedentes de las sustancias químicas. Para trabajar con tintes utiliza siempre una mascarilla de papel, y si estás aplicando una técnica de decoloración, ponte una máscara antigás. Es recomendable realizar los procesos de decoloración al aire libre.
- Evita exponerte a los vapores de los recipientes con líquidos hirviendo y utiliza en todo momento un delantal y guantes de goma para protegerte la piel.
- Ten siempre cerca una toalla húmeda para limpiar rápidamente vertidos o manchas accidentales.

Todo empieza con un trozo de tela y el deseo de crear. Cuando hablamos de la estampación por reserva, las posibilidades son infinitas; dado su escaso margen de error, pone a nuestro alcance multitud de posibilidades a explorar. Así, al doblar una tela en una dirección obtenemos un resultado, pero si la doblamos en sentido contrario, el efecto será totalmente distinto. Siempre existen nuevos pliegues o nuevos tejidos con los que experimentar. Desplegar una pieza que hayamos atado y sumergido en tinte es como abrir un regalo navideño.

# Apasionadas del shibori

Nuestra relación con el shibori comenzó hace más de ocho años. Desde entonces, hemos apostado por simplificar las técnicas tradicionales, aumentar la escala de los diseños, modificar las fórmulas de los tintes y celebrar la belleza que surge de las imperfecciones.

Nuestra pasión por la tintura nos ha llevado a trabajar en algunos proyectos nada convencionales. Ni en nuestros mejores sueños hubiésemos podido imaginar que realizaríamos un degradado por inmersión con un globo aerostático de tamaño natural o que nuestras telas teñidas a mano ilustrarían las tablas de surf Malibu. Resulta emocionante ver nuestras creaciones en la decoración de interiores de algunos de los locales nocturnos y de los espacios comerciales más populares de Australia o sobre las pasarelas de moda.

Pretendemos que este libro sirva de inspiración para que tu mente creativa se libere de los convencionalismos y deje surgir al niño que llevas dentro. Esperamos que, como nos sucedió a nosotras, te contagies de la fiebre del *tie-dye*, una técnica de tinción en la que cualquier objeto puede actuar como reserva y cualquier motivo estampado es susceptible de ser reproducido.

Esperamos que lo disfrutes.

*Pepa & Karen*

Pepa Martin (izquierda) y Karen Davis en su estudio de Sídney (Australia).

## Capítulo 1
# Primeros pasos

Sumergirnos en el universo del shibori y de la estampación por reserva constituye una excelente vía para liberar esa creatividad que jamás creímos poseer. Te recomendamos encarecidamente que experimentes con cuantos tejidos, ideas y técnicas te sea posible; no obstante, hay unos principios básicos a la hora de seleccionar colorantes, tejidos y utensilios, así como consejos relativos a la salud y la seguridad, que deberás tener en cuenta para evitar situaciones de riesgo que pudieran darse durante el proceso de tintura y obtener así los mejores resultados.

# La elección del tejido

Existen multitud de factores que debes tener en cuenta a la hora de elegir las telas, como el tipo de fibra, el acabado o revestimiento del tejido, el proceso de lavado, el gramaje y la textura de su superficie o la trama.

Si ya tienes una pieza de tela que deseas teñir, esta sección te servirá como guía práctica, ya que existen métodos de tintura más apropiados que otros para cada tejido. Por ejemplo, el lino da buen resultado con técnicas que utilizan plantillas bien definidas a modo de reserva y puede generar bellos efectos de difuminado, mientras que el voile de algodón ligero es perfecto para realizar tinciones con reservas por cosido. Asimismo, si lo que quieres es aplicar una técnica en particular, esta determinará el tipo de tejido que deberás utilizar para obtener un resultado óptimo. Y si se trata de un proyecto —por ejemplo, la creación de una funda para cojín—, la naturaleza del mismo te indicará qué tipo de técnicas y tejidos podrás emplear.

Ciertos tintes están particularmente indicados para determinados tejidos, pues garantizan un mejor resultado. Es posible que obtengas resultados aceptables con otros, pero probablemente no conseguirás la misma solidez o intensidad de color. En la sección "La elección de tintes y fórmulas" (págs. 16 a 19) encontrarás más información.

### Fibras naturales y fibras sintéticas

Existen tres tipos de fibras: las fibras celulósicas, de origen natural, como el algodón, el lino, el rayón y el cáñamo; las fibras proteicas, de origen animal, como la seda y la lana; y las fibras artificiales, entre las que se encuentran fibras sintéticas como el poliéster, el elastano, el nailon y el acrílico. El tintorero también debe conocer las mezclas de fibras, ya que si una fibra celulósica o proteica tiene un componente sintético, el resultado de la tintura se verá afectado.

Las fibras sintéticas también tienen su lugar en el universo del teñido, y las posibilidades que nos ofrecen van unidas al desarrollo de las nuevas tecnologías, que han permitido ampliar los límites del shibori, la técnica japonesa de estampación por reserva; así, por ejemplo, los tejidos de poliéster resultan óptimos a la hora de desarrollar técnicas de termofijado debido a su naturaleza termoplástica. Con todo, los tejidos de origen natural son los más idóneos para las técnicas de tinción artesanales, ya que aceptan la mayoría de los tintes y resultan mucho más agradables al tacto y mejores a la hora de trabajar con ellos.

### El gramaje de los tejidos

Dada la naturaleza del shibori, resulta más fácil comenzar a trabajar con tejidos ligeros, como el voile de algodón, la seda o la muselina, ya que para ciertas técnicas son más sencillos de manipular y el tinte penetra en ellos más rápidamente. Estos tejidos son los que se utilizan tradicionalmente en Japón. No obstante, para determinadas aplicaciones, como, por ejemplo,

## Remojo previo

Es recomendable remojar la tela antes de teñirla para asegurar que el tinte penetre en ella de manera uniforme. Dado que el tejido puede encoger al mojarse, es posible que la tensión con la que hayamos asegurado las reservas no resulte suficiente para bloquear la penetración del tinte. El remojo previo minimiza este riesgo y, además, como el agua actúa de barrera temporal para el tinte, se ralentiza la impregnación del tejido, lo que reduce la posibilidad de que el color penetre en las zonas bloqueadas y da más definición a las zonas teñidas. Debes tener en cuenta que los tejidos pesados necesitan un remojo más prolongado.

un tapizado o unas cortinas tupidas, y aunque el tinte tarde más tiempo en impregnarse, pueden ser más adecuados los tejidos más gruesos o de mayor gramaje. El tamaño de nuestros proyectos será también un factor determinante a la hora de elegir la técnica de reserva; así, las técnicas que requieran más manipulación, como los estampados realizados mediante reserva por cosido, resultarán más apropiadas para realizar piezas pequeñas o colocar motivos.

### Tejidos PFD (listos para teñir)

Podemos adquirir tejidos específicamente preparados para la estampación o la tinción, conocidos como tejidos PFD (*prepared for dyeing* o "listos para teñir"). Se presentan sin revestimiento y suelen encontrarse en tiendas de telas. Resultan ideales para principiantes, ya que no requieren preparación previa.

Lino (1), algodón (2), organza de seda (3), voile de algodón (4), arpillera (5), algodón (6).

# La elección de tintes y fórmulas

La elección correcta del tinte para nuestro tejido nos permitirá obtener el resultado más óptimo. Esta es la fase del proceso en la que nuestra faceta científica tendrá la oportunidad de demostrar su destreza; descubrirás la tuya al comprobar lo apasionante que es crear combinaciones de color. Es conveniente que realices pruebas de coloración en pequeños retales de tejido, ya que esto te dará una idea del resultado final.

La mayoría de los tintes utilizados en este libro son de tipo ácido o reactivo. Aunque se pueden lograr buenos resultados con cualquiera de las técnicas que aquí presentamos utilizando tintes directos, más fáciles de encontrar en el mercado, el color resultante tendrá menos viveza y solidez.

## Tintes reactivos

Los tintes reactivos suelen utilizarse para teñir tejidos elaborados con fibra celulósica, como el algodón, el lino o el rayón. Pueden emplearse asimismo para teñir seda o lana, aunque el color resultante no tendrá tanta potencia. En cambio, no deben usarse con materiales sintéticos, ya que no se fijan al tejido. Este tipo de tintes es muy fácil de utilizar y ofrece una excelente solidez del color. También son conocidos como tintes en frío, aunque es mejor disolverlos en agua caliente (nunca por encima de 40 °C). Para fijarse al tejido, los tintes reactivos necesitan carbonato sódico (ceniza de sosa), al que suele añadirse sal de mesa o urea para ayudar a la penetración y obtener una coloración homogénea (las cantidades que se deben añadir suelen estar indicadas en las instrucciones del fabricante).

## Tintes directos

Los tintes directos son los más comúnmente utilizados para teñir en casa y suelen encontrarse en supermercados o droguerías. Se emplean para teñir tejidos de fibra celulósica, aunque no se obtiene un color muy sólido. Estos tintes dan mejores resultados cuando se disuelven en agua hirviendo a la que se ha añadido sal, y suelen contener ceniza de sosa, por lo que no es necesario añadirla.

A la hora de lavar prendas teñidas con tintes directos, es importante separarlas y lavarlas en agua fría.

## Tintes ácidos

Los tintes ácidos se utilizan para teñir fibras proteicas, como la seda, la lana o el nailon. Se les conoce también como tintes al agua caliente, pues para fijar el color deben disolverse en agua casi hirviendo. Para teñir fibras proteicas, debes sumergirlas en un baño de tinte ligeramente ácido —puedes utilizar vinagre, un ácido suave, para rebajar el pH del baño— para que este se fije a la fibra. Los tintes ácidos no pueden usarse con materiales sintéticos, ya que no reaccionan con ellos.

## Tintes sintéticos

Los tintes sintéticos se utilizan en fibras artificiales como el poliéster. Debes tener cuidado con las telas que contienen una mezcla de tejidos, ya que si utilizas tintes reactivos o tintes ácidos, el resultado puede ser irregular, según el porcentaje de fibras artificiales que contengan. Por ejemplo, un tejido de mezcla con un 90 % de poliéster y un 10 % de algodón deberá teñirse dos veces, una con un tinte para poliéster, y otra con uno para algodón.

## La ceniza de sosa

La ceniza de sosa, también conocida como carbonato sódico o natrón, es un compuesto ligeramente alcalino que incrementa el nivel de pH del líquido en el que se sumerge el tejido, pues se necesita un pH elevado para que el tinte reactivo se fije a la tela.

La ceniza de sosa puede emplearse de varias maneras. En ocasiones, se disuelve en agua caliente y se pone el tejido en remojo en este líquido antes de comenzar el proceso de tinción. Este proceso es similar al de desengomado, en el que se elimina la capa protectora de la organza de seda —la denominada sericina o goma de seda— para dar al tejido una textura más suave.

En otros casos, la ceniza de sosa se mezcla con un concentrado de tinte. Este método suele emplearse con los tintes de tipo reactivo. Otras veces se usa para eliminar el color. A la hora de utilizarla, lee con atención las instrucciones del fabricante sobre el peso del tejido, que determinará la cantidad que vas a necesitar.

La ceniza de sosa no es tóxica y respeta el medio ambiente, pero no deja de ser un compuesto químico, por lo que es importante que utilices mascarilla para evitar inhalar sus emanaciones y guantes de goma para protegerte la piel.

## Tinte índigo

El índigo es un tinte extraído de una planta y utilizado tradicionalmente en la técnica japonesa del shibori. Puede ser natural o artificial o sintético; este último produce un tono más intenso en menos tiempo. El índigo es un colorante de tina y su empleo hace que el tintorero se sienta como un alquimista.

Es fundamental proteger la tina de índigo de la acción de los elementos; si la tratas con cuidado, te durará varios meses. En un baño de índigo, el líquido nunca se vuelve transparente ni se agota el colorante. Cuando la tina adquiere un tono verdoso es señal de que el baño de color ha reducido y está listo para que

Tinte ácido (1 y 2), tinte índigo (3),
tinte reactivo (4), tinte directo (5)

sumerjas en él el tejido. La tina perderá su óptima tonalidad verdosa y se tornará azulada si se oxida accidentalmente, cuando lo deseable es que esa oxidación tenga lugar en el tejido.

Existen diversos factores a tener en cuenta al trabajar con el índigo. El polvo de índigo no se puede disolver directamente en agua, sino que debe acompañarse de otros compuestos químicos para que esto ocurra; es decir, el colorante índigo en polvo debe experimentar una transformación química en la tina para disolverse, lo que le conferirá un tono verdoso. Al sacar el tejido de la tina, el índigo se oxidará, volverá a adquirir su forma no soluble y se volverá azul. A la hora de preparar una tina de índigo, sigue las instrucciones del fabricante, ya que las fórmulas pueden variar.

A diferencia de los tintes reactivos y ácidos, que penetran en el tejido, el índigo permanece en la superficie del mismo, lo que lo convierte en un colorante óptimo para principiantes, dados sus resultados instantáneos y las bellas texturas que crea. Como ocurre con los pantalones vaqueros, el color índigo se irá desgastando. Por tanto, no laves las piezas teñidas con índigo con tu detergente habitual, ya que el carbonato sódico que contiene eliminará gran parte del color; lávalas con líquido lavavajillas. La exposición al sol de estas piezas también provoca desgaste de color. Resulta difícil no obtener excelentes resultados con el índigo, un color lleno de vida y muy espectacular. En este libro utilizaremos el tinte índigo sintético, ya que es más fácil de preparar para el tintorero novel.

### Decoloración

También es posible eliminar el color del tejido; basta con revertir el típico proceso de tinción. Se siguen las mismas técnicas y en el mismo orden pero, en lugar de tinte, se emplea un decolorante. Los tejidos a decolorar deben estar teñidos antes de comenzar el proceso.

Puedes emplear tres productos para eliminar el color: polvo decolorante, lejía y ceniza de sosa. Los compuestos químicos decolorantes, como el dióxido de tiourea o el hidrosulfito de sodio, pueden utilizarse en forma de baño o aplicarse como una pasta sobre el tejido. Estas sustancias actúan lentamente y, entre los productos decolorantes, son las menos dañinas para el tejido. La seda solo puede decolorarse con sodio formaldehído sulfoxilato.

La lejía actúa con gran rapidez, pero resulta muy agresiva para los tejidos; algunos, como la seda, se deterioran. Para evitar que la lejía degrade el tejido, podemos utilizar un inhibidor; la manera más segura de neutralizarla, tanto para el tejido como para el tintorero, consiste en emplear bisulfito o metabisulfito de sodio, pues este se "acopla" a la molécula de cloro y neutraliza su efecto. Como agentes neutralizadores no deben utilizarse, sin embargo, el peróxido de hidrógeno y el vinagre, pues al mezclarse con la lejía generan gas de cloro, que resulta tóxico. En grandes cantidades la ceniza de sosa también puede actuar como decolorante, aunque solo con ciertos tejidos teñidos con tintes directos.

Como sucede con cualquier otro aspecto del shibori, hay que tener en cuenta los materiales y el resultado que deseamos conseguir antes de elegir un decolorante determinado.

### Tintes naturales

Los tintes naturales conforman un universo diferente, pues el color procede de elementos presentes en la cocina o en el jardín, con los que podemos conseguir bellos estampados de tonalidades naturales y terrosas. Sin embargo, en el proceso de fijación de los tintes naturales en ocasiones se requieren sustancias químicas altamente tóxicas.

### Relación proporcional de tinte y tejido

Es importante que leas detenidamente las instrucciones del fabricante del tinte para averiguar la cantidad de colorante que necesitas, pues esta varía en función del peso del tejido. Si el agua del baño de tinte presenta una tonalidad muy oscura al finalizar el proceso, estás utilizando demasiado colorante.

### El lavado tras la tinción

Al lavar el tejido después de teñirlo, debes asegurarte de utilizar un detergente para prendas delicadas libre de agentes decolorantes. Así conseguirás eliminar el exceso de tinte, mantener la vivacidad del color y proteger los motivos creados por las reservas. Existen productos químicos especializados, como el Synthrapol® que garantizan la eliminación de las partículas residuales de tinte del tejido; también se puede utilizar un líquido lavavajillas normal como alternativa.

# Fórmulas para tintes

A lo largo del libro haremos referencia a estas fórmulas.

### Tinte índigo sintético

Llena una tina con 15 l de agua templada. Espolvorea en ella tinte índigo en polvo e hidrosulfito de sodio y remueve la mezcla con suavidad. Aparte, disuelve la ceniza de sosa en 30 ml (2 cucharadas soperas) de agua caliente y añade lentamente la solución al baño de tinte. Deja reposar la mezcla durante 15 minutos.

### Tinte ácido

Llena una tina con 15 l de agua por cada 500 g de tela seca. Disuelve el tinte ácido en agua hirviendo en cantidad suficiente como para conseguir una solución. Añade ½ cucharada sopera de vinagre por cada litro de agua. Mezcla y remueve a fondo.

### Tinte reactivo

Llena una tina con 2 l de agua templada por cada 100 g de tela seca. Disuelve el tinte reactivo en agua templada, en cantidad suficiente como para conseguir una solución, y añádelo a la tina. Luego disuelve sal y ceniza de sosa en agua caliente, a razón de 80 g de sal y 30 g de ceniza de sosa por cada 2 l de agua. Añade la mezcla a la tina y remueve.

### Solución neutralizadora para lejía

Añade 1 cucharada sopera de metabisulfito de sodio a 10 l de agua.

### Desengomado con ceniza de sosa

En un cubo usado, disuelve 10 g de ceniza de sosa en 2 l de agua hirviendo.

| Tipo de tinte | Material | Instrucciones |
|---|---|---|
| Tinte directo | Algodón y viscosa | Disuelve el tinte en agua hirviendo. Pon el tejido en remojo en un cubo de agua durante 15 minutos, escúrrelo e introdúcelo en la tina. Con el agua hirviendo, a la que habrás añadido sal de mesa, tiñe el tejido durante 30 minutos. Aclara con agua fría. |
| Tinte ácido | Lana | Introduce la lana, previamente remojada, en una olla con el tinte y calienta progresivamente hasta alcanzar el punto de ebullición. Añade vinagre (según la cantidad recomendada por el fabricante), remueve y baja la temperatura hasta que esté justo por debajo del punto de ebullición. Deja que el tinte actúe durante 30 minutos, removiendo con regularidad. Saca el tejido de la olla, déjalo reposar unos 10 minutos hasta que se enfríe y lávalo con agua templada. |
| | Seda y nailon | Disuelve el tinte en agua hirviendo (en el caso de la seda, el agua no debe superar los 85 ºC), lleva agua hasta el punto de ebullición y añade el tinte y el ácido acético. Pon el tejido en remojo en un cubo con agua durante 15 minutos y luego incorpóralo al baño de tinte. Déjalo reposar entre 15 y 30 minutos (o entre 45 minutos y 1 hora si deseas obtener un tono más oscuro). Aclara con agua fría. |
| Tinte reactivo | Algodón, lino | Disuelve el tinte en agua templada, déjalo enfriar y añádelo a la tina de tintura. Echa en ella también sal de cocina previamente disuelta. Antes de introducir el tejido en el baño de tinte, ponlo en remojo en un cubo con agua durante 10 minutos. Luego, mételo en la tina y espera 10 minutos antes de añadir la ceniza de sosa previamente disuelta. Cuando la hayas añadido, deja que el tinte actúe entre 60 y 90 minutos. Saca el tejido y acláralo con agua fría; a continuación, lávalo con agua caliente (a 60 ºC) y vuelve a aclararlo con agua fría. Si el agua no sale limpia, repite el proceso de lavado. |
| Tinte índigo | Lana, algodón, seda, lana | Prepara la tina de índigo sintético y déjala reposar durante el tiempo indicado en las instrucciones del fabricante. Pon el tejido en remojo en un cubo con agua durante 10 minutos, escúrrelo y mételo en la tina 15 minutos. Extráelo luego sin hacer burbujas y deja que se oxide durante 10 minutos. Después, aclátalo hasta que el agua salga limpia, lávalo con líquido lavavajillas y aclátalo de nuevo. |
| Tinte sintético | Poliéster y nailon | Llena la tina con agua y tinte para poliéster y remueve. Introduce el tejido en la tina, llévala al punto de ebullición y deja que el tinte actúe entre 30 y 60 minutos. |
| Decoloración (Fórmula con dióxido de tiourea) | Lino, algodón teñido con tintes reactivos y directos | Pon el tejido, previamente teñido y atado, en remojo en un cubo con agua. Mientras, disuelve una cucharadita de ceniza de sosa en 100 ml de agua caliente en una olla con capacidad suficiente para algo más de 2 l. Añade 2 l de agua y caliéntala hasta que hierva. Cuando rompa a hervir, añade ¼ de cucharadita de dióxido de tiourea, removiendo el agua despacio a medida que lo incorporas. Sumerge el tejido en la olla y hierve a fuego lento durante 20 o 30 minutos. Extrae el tejido y déjalo enfriar; después, lávalo con agua templada y líquido lavavajillas. |
| Decoloración con lejía | Arpillera, denim | Pon el tejido en remojo en un cubo con agua. Prepara una solución de lejía a razón de 9 l de agua por cada 250 ml de lejía para uso doméstico. Sumerge el tejido, previamente remojado, en la solución de lejía y déjalo hasta alcanzar el efecto deseado (2 horas, aproximadamente). Extrae el tejido de la tina de decoloración y aclátalo bien. Para preparar la solución neutralizante, disuelve 1 cucharada sopera de metabisulfito de sodio en 10 l de agua. Deja la pieza en remojo en esta solución durante 2 horas, sácala y aclátala de nuevo. |

Hilo de poliéster (1), alfileres (2), palillos de dientes (3), guantes de goma (4), cucharas medidoras (5), plantillas de reserva (6 y 8), pinzas (7 y 11), canicas (9), gomas elásticas (10)

# La elección de los utensilios

A la hora de elegir los utensilios que vas a utilizar, debes tener en cuenta tanto su tamaño como su capacidad para desempeñar su cometido y el material con el que están hechos.

Los recipientes deben ser lo bastante grandes como para contener la cantidad requerida de tinte y de agua (si se da el caso), así como la totalidad del tejido y, si procede, las reservas, como cilindros o mordazas.

Las tinas para tintura pueden ser ollas de acero inoxidable de gran tamaño o barreños de plástico, ambos resistentes a la oxidación. Puedes emplear ollas o barreños usados, dándoles así una nueva función. Los cubos de plástico resultan especialmente indicados para los tintes con agua fría; pero para técnicas que requieran la aplicación de calor o el uso de los fogones necesitarás una olla de metal. Debes cerciorarte de que las ollas y cacerolas que vayas a utilizar están esmaltadas o fabricadas con metales no reactivos, como el acero inoxidable, ya que los recipientes de aluminio restan lustre a los colores.

Todas las herramientas deben ser resistentes a las sustancias químicas con las que entrarán en contacto. En algunos casos, deberás utilizar cordel sintético, ya que el natural absorbe el tinte y no funciona para las reservas.

Una vez hayas utilizado un utensilio o un recipiente para teñir, no debes emplearlos para ninguna otra función. Busca un contenedor apropiado para guardarlos y etiquétalos indicando que se trata de utensilios para teñir; así evitarás que accidentalmente puedan ser empleados en la cocina o en otro lugar de la casa.

Los elementos que utilices como reserva (véase la página 22) han de tener la forma y el tamaño que desees dar a los motivos estampados, y los utensilios (como la cuerda o las mordazas) deben ejercer la fuerza y la tensión suficientes para sujetar las reservas en su sitio. Estas pueden consistir en dos objetos que tengan la misma forma, como baldosas viejas, reglas, tapas de tarros, pinzas o utensilios de cocina. No es necesario que compres ningún artículo para aplicar las técnicas descritas en este libro. Muy pronto verás en muchos objetos de tu hogar reservas en potencia.

Aunque el shibori puede resultar una actividad extraordinariamente divertida, no debes olvidar que estás trabajando con sustancias químicas peligrosas y que siempre debes tomar las debidas precauciones en lo tocante a salud y seguridad. Para los temas relacionados con la seguridad durante el proceso de tinción, véase la página 9.

Tubería de plástico utilizada en fontanería (1), cazo (2), regla (3), soga o cuerda gruesa (4), tijeras (5), cordel plástico de alta resistencia (6), vaporera de bambú (7)

# Plegado y sujeción del tejido

Existen infinitas maneras de plasmar un shibori sobre un tejido. Puedes crear y planificar tu estampado y nada te impedirá dar rienda suelta a tu imaginación, pero es importante que tengas en cuenta factores como la escala, la orientación y la tonalidad de los motivos.

En el shibori existe tal cantidad de técnicas y colores interesantes para experimentar que, a menudo, lo más difícil es intentar simplificar. Por eso, es buena idea documentar el proceso seguido en tu shibori mediante fotos a modo de diario visual; de este modo, siempre sabrás cómo crear un estampado concreto.

La planificación de un estampado dependerá de la técnica de reserva que vayas a utilizar, es decir, del modo en que se pliega y fija el tejido antes de teñirlo. El plegado consiste en doblar el tejido de una determinada manera y en fijar los pliegues para crear una reserva. Estos evitan que el tinte penetre en todo el tejido y provocan que una parte quede sin teñir, dando lugar a un hermoso estampado shibori. La manera de sujetar el pliegue, sea mediante mordazas o con cuerda, añadirá matices al diseño y permitirá realizar variaciones ulteriores. No importa que sea simple o complejo: cada pliegue tiene el poder de plasmar una historia sobre el tejido.

Debes tener en cuenta tanto el espacio en positivo como el espacio en negativo: las partes que queden sin teñir serán tan importantes como las teñidas. Pueden ofrecer, por ejemplo, un contrapunto de serenidad si se trata de un tejido blanco y virgen, y pondrán de relieve, a lo mejor, una sencilla y bella franja de shibori situada en uno de los bordes de la tela. Puedes optar por cubrir todo el tejido con motivos repetidos o bien por decolorar un determinado diseño sobre un tejido previamente teñido. Por ello, la posición del motivo resulta esencial y tiene el poder de transformar el carácter de la pieza acabada.

En tu diseño puedes jugar con el espacio y la colocación del motivo para teñir un área descentrada, alterar la simetría de la pieza o variar el tamaño de los dibujos. Estos aspectos son los que convierten una pieza de tejido teñido a mano en una creación genuinamente personal.

El shibori se sirve de una serie de pliegues para generar repeticiones en una secuencia ordenada. El pliegue puede ser utilizado como reserva para crear diferentes efectos y texturas. Uno de los más utilizados es el pliegue acordeón. Al doblar el tejido hacia delante y hacia atrás, a semejanza de un acordeón, se consigue que el tejido siempre quede expuesto, al contrario de lo que ocurre con un tejido doblado sobre sí mismo, en el que las capas internas quedan ocultas. Otro tipo de pliegue con el que puedes experimentar es el escalonado, en el que el tejido se pliega en una dirección; así los pliegues quedan dispuestos de manera contigua, dejando un espacio entre ellos. Este espacio será el área expuesta que, al ser atada, mostrará el estampado; las formas interiores escalonadas formarán una barrera para el tinte o bien otro nivel de reserva. La técnica del plegado permite añadir sofisticadas repeticiones a los proyectos shibori. La combinación del plegado con el cosido hará que tus diseños alcancen un nivel más elevado, y la experimentación con los pliegues pondrá a tu alcance un sinfín de posibilidades.

PLIEGUES EN ACORDEÓN

PLIEGUES EN ESTRELLA

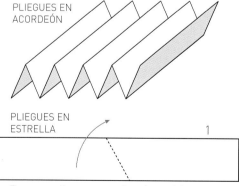

Para crear pliegues en estrella, primero debes plisar el tejido con pliegues de tipo acordeón. Después, dóblalo en sentido longitudinal por el centro del mismo, con un ángulo como el que se muestra arriba.

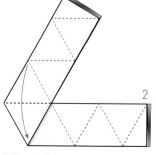

Dobla el tejido hacia abajo, para ir creando triángulos equiláteros a medida que vas haciendo pliegues.

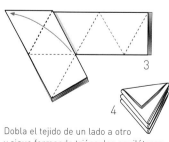

Dobla el tejido de un lado a otro y sigue formando triángulos equiláteros hasta que te quede un único triángulo.

Pinzas para la ropa de uso doméstico (1), cordel de plástico (2), plantillas para reservas (3), goma elástica (4)

Pliegues termofijados en tejido de poliéster (1), tejido de fibras mixtas con shibori por atado (2), tejido de algodón con shibori por atado (3)

# El color

Los círculos cromáticos, las paletas de color y los paneles de inspiración constituyen unas herramientas muy útiles, pero, en última instancia, el color es subjetivo, y será tu sentido estético el que te inclinará por un color u otro. Nosotras tendemos a movernos entre los colores terciarios porque, en nuestra opinión, dan lugar a piezas sutiles que son el reflejo de la técnica manual con la que han sido elaboradas.

Hacer bocetos de nuestros diseños y tomar nota de las gamas de colores es una manera ideal de desarrollar ideas antes de comprometer materiales y tintes.

El shibori suele asociarse con colores plenos y brillantes. Puede que estas tonalidades sean tus preferidas, pero las consideraciones sobre el color no se limitan a la elección del mismo. Por ejemplo, con la técnica del degradado obtendrás efectos de gradación de un mismo tono, mientras que con la del arrugado lograrás un amplio abanico de tonalidades. La mayoría de las técnicas shibori dan como resultado varios tonos, gracias a la heterogeneidad de la tinción a mano. Con el tiempo, adquirirás habilidad para manipular la saturación de tonos y mezclar los colores. La mayoría de las variantes del shibori son susceptibles de manipulación y adaptación, lo que te permitirá jugar con ellas a medida que adquieras práctica y confianza.

Es importante asimismo tener en cuenta el difuminado que pueden experimentar los bordes de una zona teñida, pues aunque este confiere al tejido increíbles aspectos de textura, puede dar lugar a resultados no deseados si los colores están situados demasiado cerca unos de otros y terminan por mezclarse. Por ejemplo, la combinación de colorantes amarillos y azules dará como resultado tonos verdes, ya que los principios sobre teoría del color son aplicables también a la tinción textil. Por tanto, si deseas evitar que tus diseños se emborronen, debes hacer las reservas consecuentemente y elegir los colores con cuidado.

No olvides que el tono del colorante en polvo raras veces coincide con el color final, ni tampoco que los tonos se aclaran cuando el tejido se seca. Por tanto, si deseas conseguir colores más intensos, deja que el tejido alcance el tono deseado antes de finalizar el proceso de tinción.

En definitiva, debes tomar en consideración la paleta de colores, la función a la que destinarás el tejido y el espacio en el que lo colocarás. La combinación de colores y motivos confiere carácter al tejido; así, una línea gris puede constituir un elemento de fuerza, mientras que un tejido teñido con este color mediante la técnica del arrugado puede ser suave y delicado. Piensa la historia que desees contar y elige los colores en consonancia.

### Nociones de teoría del color

El rojo, el amarillo y el azul son colores primarios, es decir, no pueden crearse mediante la combinación de otros colores. Al mezclarse entre sí, los colores primarios dan lugar a los colores secundarios.

Los colores cálidos, como el rojo, el amarillo y el naranja, son vivaces y están llenos de energía. Los colores fríos, como el azul y el verde, transmiten calma y resultan relajantes para la vista. Mientras que los colores cálidos parecen avanzar en el espacio, los colores fríos dan la impresión de retroceder. Todos estos factores son importantes a la hora de trabajar en el diseño de una pieza. El negro, el blanco y el gris son tonos neutros, idóneos cuando se utilizan junto a otros colores para suavizar sus tonos o crear efectos sutiles.

Cuando empieces a trabajar con tintes, encontrarás fórmulas ya preparadas de cada color. Verás que, a menudo, la presentación en polvo no se parece al tono resultante tras el proceso de tinción, por lo que es recomendable realizar pruebas de color con todos los tintes. Una vez hayas conseguido los colores deseados, puedes mezclar tonalidades hasta crear tu propia paleta de color. Anota en un diario tus fórmulas para tintes y así podrás experimentar en el futuro. El color te revelará un universo en el que combinar tonos puede resultar tan divertido como crear estampados shibori.

---

El verde, el naranja y el magenta son colores secundarios. Se consiguen realizando combinaciones con el rojo, el amarillo y el azul.

Rojo + amarillo = naranja
Amarillo + azul = verde
Azul + rojo = magenta

---

Los colores terciarios son el resultado de combinar colores primarios y secundarios.

Por ejemplo:
Naranja + amarillo = amarillo anaranjado
Rojo + naranja = rojo anaranjado
Rojo + magenta = rojo violáceo
Azul + magenta = azul violáceo
Azul + verde = azul verdoso
Amarillo + verde = amarillo verdoso

Cada uno de estos pares de muestras en lino ha sido teñido con tinte reactivo a su máxima potencia y al 35 % de su potencia, respectivamente.

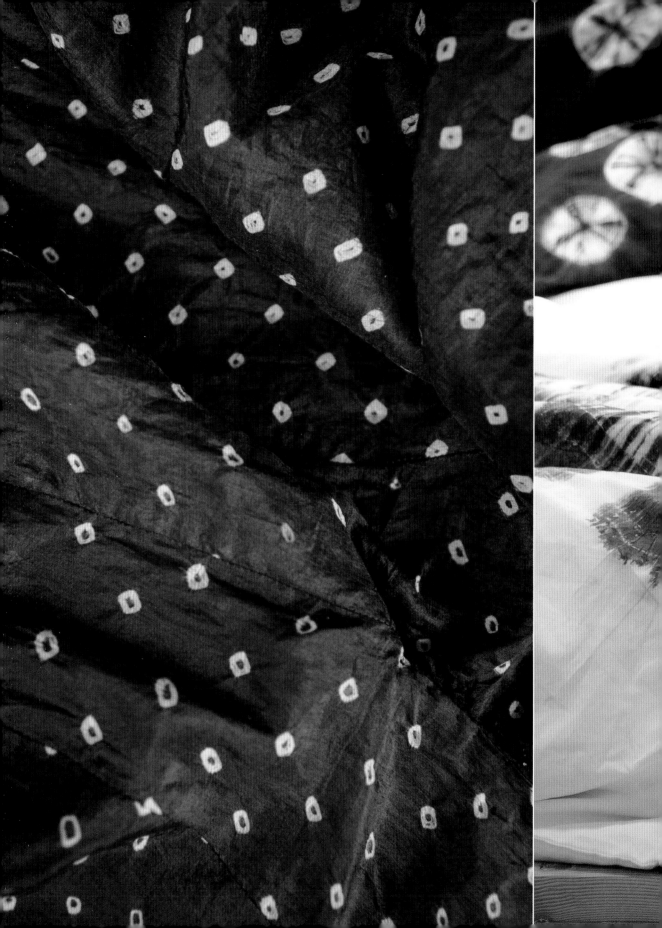

# Capítulo 2

# Técnicas y proyectos

La belleza de la estampación por reserva y del shibori contemporáneos reside en sus infinitas posibilidades. Con unos pocos conocimientos técnicos y grandes dosis de imaginación, adquirirás la habilidad necesaria para crear piezas hermosas y singulares.

Todas las técnicas y los proyectos contenidos en este volumen derivan de fundamentos que las autoras han aprendido, dominado y manipulado. Cada proyecto y cada técnica pueden ser reinterpretados de mil maneras distintas; para obtener un resultado diferente basta con sustituir el tejido o el tinte, o con cambiar el tamaño o la disposición de las reservas o puntadas. No hay resultados acertados ni erróneos, tan solo exploración y experimentación.

Algunas de las técnicas están sólidamente cimentadas en el shibori japonés tradicional; otras están inspiradas en el concepto liberador del tie-dye, estampación por atado y teñido, popular en la década de los setenta. Siéntete libre para combinarlas, adquiere confianza y diviértete con la aventura que ahora comienza.

# Ombré
## Degradado de color por inmersión

El degradado de color por inmersión, también conocido como ombré, es una técnica de tinción que genera gradaciones de tonos, de más claro a más oscuro. Habitualmente utilizada en el diseño de moda y el interiorismo, esta sencilla técnica confiere a los tejidos una sofisticación sutil. En función del color empleado, el degradado por inmersión puede generar un efecto delicado y elegante, o bien llamativo y espectacular.

3

Existen múltiples métodos para hacer un degradado por inmersión. Por ello, es importante tener claro desde el principio el resultado que se quiere alcanzar, ya que la pieza final puede verse alterada de manera drástica en función de una serie de factores.

Por ejemplo, la situación del tono más oscuro cambia por completo la impresión que genera la pieza. Si está situado en la parte inferior de la pieza y se va aclarando en sentido ascendente, el efecto conseguido transmitirá positividad y femineidad. Si se invierten los tonos, de forma que el más oscuro se halle en la parte superior de la pieza, se consigue el efecto contrario. Y si el tono más oscuro está situado en el centro de la pieza y va aclarándose progresivamente hacia los bordes, se obtiene un resultado espectacular, al generar un punto focal y poner de relieve una zona concreta. Al atraer la atención del espectador, el tono más oscuro puede ser empleado como un instrumento, según la función de la pieza; en moda, por ejemplo, puede utilizarse para acentuar la silueta. El tamaño del área más oscura y el alcance del degradado pueden transformar completamente el tejido: un tono muy oscuro con poco degradado creará un efecto denso, mientras que las áreas oscuras con una amplia gradación del tono requieren más atención, pero aligeran la pieza de manera significativa. Cuando el tono más oscuro actúa como tono medio se consigue un efecto delicado y sutil, independientemente de la extensión del ombré. Si se introducen múltiples puntos de gradación, con lentas transiciones a través de tonos monocromos, la pieza genera una sensación de movimiento y se le confiere una sorprendente textura natural.

Aunque el degradado por inmersión puede ser un proceso bastante sencillo, crear una gradación perfecta de tonos es más difícil de lo que parece en principio, pues el tintorero debe elevar y hacer descender el tejido constantemente para evitar que aparezcan líneas de separación entre las franjas de color. Un ombré óptimo requiere precisión y paciencia, pero el esfuerzo vale la pena.

4

## Material
## necesario

Tejido de algodón blanco
o de color claro (1)

Cubo para remojo

Tina para tintura (2)

Guantes de goma

Mascarilla de papel

Tinte directo (3)

Tres tarros de vidrio (4)

Percha con barra
horizontal

# Cómo crear un degradado por inmersión

**1** Pon el tejido en remojo en un cubo con agua. Transcurridos 15 minutos, sácalo del agua y escúrrelo. Luego llena la tina con agua templada.

**2** Disuelve el tinte directo en 500 ml de agua templada. Distribuye el concentrado de tinte en tres tarros de vidrio de forma que cada uno contenga la misma cantidad; así conseguirás que el tinte de cada tarro tenga la misma concentración y se diluya al verterlo en el baño de tinte. El principio del degradado por inmersión se basa en el agotamiento del colorante, que se produce cuando el agua de la tina pierde su color y se vuelve transparente. Este método consiste en aplicar el color por capas, de tal modo que en la parte inferior del tejido se acumularán tres capas de tinte, con lo que tendrá un tono más oscuro.

Vierte el contenido de uno de los tarros en el agua de la tina.

**3** Cuelga la parte superior del tejido de la barra de la percha. Esta parte quedará sin teñir, por lo que no debes introducirla en el baño de tinte.

**4** Sumerge tres cuartas partes del tejido en el baño de tinte y déjalo durante 20 minutos, removiendo el agua con regularidad.

**5** Saca del baño de tinte una cuarta parte del tejido. Te resultará más sencillo si cuelgas la percha de una silla o de una mesa baja. Agrega a la tina el contenido del segundo tarro de tinte, asegurándote de no verterlo directamente sobre el tejido, y deja que actúe durante 20 minutos, removiendo el agua de manera regular.

**6** Vuelve a sacar parte del tejido del baño de tinte, dejando sumergida solo la cuarta parte inferior.

**7** Incorpora a la tina el tinte del tercer tarro, con cuidado de no verterlo directamente sobre el tejido. Deja que actúe durante 20 minutos, removiendo el agua de manera regular.

**8** Extrae el tejido del baño de tinte con cuidado de que no se manchen las partes de la pieza sin teñir. Acláralo con agua fría, siempre en dirección contraria a la zona del tejido sin teñir, hasta que el agua salga limpia.

# 1 Rayas mediante degradado

**Añadir efectos degradados confiere volumen a las rayas básicas.**

Plancha el tejido doblándolo con pliegues en acordeón como si fueses a teñir rayas básicas (véase la página 48). La anchura del pliegue determinará el grosor de la raya. Usa mordazas para mantener los pliegues unidos entre sí. Pon el tejido en remojo durante 10 minutos en un cubo con agua. Llena la tina para tintura con 1 l de agua templada y prepara un tinte reactivo según las instrucciones de la página 18. Vierte aproximadamente 2 cm de tinte en la tina; este es el colorante que dará a las rayas su tonalidad más oscura.

Saca el tejido del cubo y elimina el exceso de agua con una toalla. Sujetando la pieza por las mordazas, sumerge el borde de la misma en el baño de tinte y déjalo actuar durante 15 minutos. Después, añade agua templada a la tina hasta que el nivel suba 5 cm y deja que el tinte actúe durante otros 15 minutos; así el tinte se diluirá y el tejido tendrá una tonalidad más clara. Si quieres, puedes ir añadiendo agua en pequeñas cantidades para crear sucesivas gradaciones. Lee las instrucciones del fabricante para saber el tiempo necesario para la tinción y asegurarte de que cada capa de color quede convenientemente fijada. Una vez completado el proceso, extrae el tejido de la tina, cuidando de no manchar con tinte el área sin teñir, acláralo, retira las mordazas y vuélvelo a aclarar.

# 2 Círculo con ombré

**Aislando una zona determinada del tejido puedes crear un punto focal.**

Coloca el tejido sobre una superficie plana. Con los dedos pulgar e índice, pellizca la parte central para formar un pico. Manteniendo el pico sujeto, desliza la otra mano por el tejido en sentido descendente hasta alcanzar el tamaño que desees darle al círculo y coloca en este punto una goma elástica para fijar el tejido.

Pon el pico en remojo sumergiéndolo en agua justo hasta por encima de la goma elástica. Transcurridos 10 minutos, escurre el tejido. Llena una tina para tintura de pequeño tamaño con 2 l de agua por cada 100 g de tejido seco y prepara un tinte reactivo según las instrucciones de la página 18.

Sujetando firmemente el tejido por la base de la goma elástica, sumerge en la tina la totalidad del círculo durante 2 minutos, o hasta que adquiera un color leve. Saca del agua un cuarto del tejido sumergido y deja que el tinte actúe 10 minutos más. Después, extrae del agua otro cuarto y deja que el colorante actúe otros 20 minutos, o hasta que el agua haya perdido su color; esto te indicará que el tejido ha alcanzado la tonalidad más oscura posible. A este proceso se le denomina agotamiento de la tina.

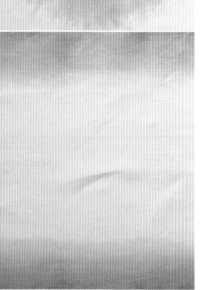

# 3 Ombré en los bordes de la pieza

**El degradado por inmersión de los bordes superior e inferior del tejido acentúa el área central del mismo.**

Dobla el tejido por la mitad y ponlo en remojo durante 10 minutos. Vierte en la tina para tintura 1 l de agua templada. Prepara un tinte reactivo siguiendo las instrucciones de la página 18. Extrae el tejido del remojo y elimina el exceso de agua con una toalla.

Cuelga el tejido de la barra de una percha, de manera que su inicio y su final queden alineados. Llena la tina con unos 10 cm de agua templada y disuelve en ella el tinte concentrado. Haz descender la percha para que los dos bordes del tejido queden sumergidos (así obtendrás el tono más oscuro). Mueve la tela para que el tinte se extienda de manera uniforme, pero evitando salpicar el área sin teñir. Deja que el tinte actúe durante 15 o 20 minutos. Después, añade agua templada hasta que el nivel suba entre 5 y 10 cm y diluya la concentración de tinte, dando lugar a una tonalidad más clara. Mueve de nuevo el tejido para dispersar el tinte de manera homogénea.

Una vez completado el proceso de tinción, extrae el tejido de la tina con cuidado, acláralo hasta que el agua salga limpia y déjalo colgado de la percha hasta que se seque, asegurándote de no manchar con tinte las áreas sin teñir.

# Proyecto: Vestido veraniego con degradado por inmersión

El degradado por inmersión (u ombré) es ideal para decorar tus vestidos veraniegos. Añadir una sencilla y singular gradación es un método excelente para convertir cualquier vestido en una prenda única.

Recuerda: al realizar un degradado por inmersión es importante mantener alejadas del tinte aquellas áreas de la prenda cuyo color original desees conservar para evitar manchas o salpicaduras indeseadas.

**1** Pon el vestido de algodón en remojo en un cubo con agua entre 15 y 30 minutos. Prepara el tinte reactivo disolviéndolo en agua caliente en cantidad suficiente como para obtener una solución.

**2** Extrae el vestido del cubo, escúrrelo y cuélgalo de una percha.

**3** Llena la tina para tintura con 25 cm de agua caliente y disuelve en ella el tinte concentrado. Sumerge en la tina el tercio inferior del vestido (que será la parte de la prenda que adquirirá el tono más oscuro). Mueve el vestido para extender el tinte de manera uniforme, con cuidado de no salpicar el área sin teñir. Aparte, disuelve sal en agua caliente y agrégala al baño de tinte. Luego disuelve ceniza de sosa en agua caliente y añádela también (para las cantidades, véase la proporción para tintes reactivos de la página 18). Deja que el tinte actúe entre 15 y 20 minutos, removiéndolo con regularidad.

**4** Añade agua templada a la tina hasta que el nivel suba otros 25 cm, o hasta que alcance la altura que desees dar al efecto degradado sobre la prenda. Esto diluirá el concentrado de tinte y dará al vestido un tono más claro. Remueve la tela para dispersar el tinte de manera uniforme.

**5** Una vez transcurridos 20 minutos, saca con cuidado el vestido de la tina y aclárelo hasta que el agua salga limpia. Déjalo secar colgado de la percha, evitando manchar el área sin teñir.

## Consejos para el degradado por inmersión

Los tintes reactivos dan mejores resultados cuando se utilizan en tejidos de algodón o lino. Si el vestido que deseas teñir es de seda o de lana, deberás seguir los mismos pasos aquí expuestos pero utilizando un tinte ácido.

Determina las zonas a teñir en función del vestido. Por ejemplo, en el caso de un vestido largo puedes optar por poner de relieve su largura tiñendo por inmersión la parte inferior, aunque también puede resultar interesante teñir la zona media de la prenda y darle una apariencia distinta.

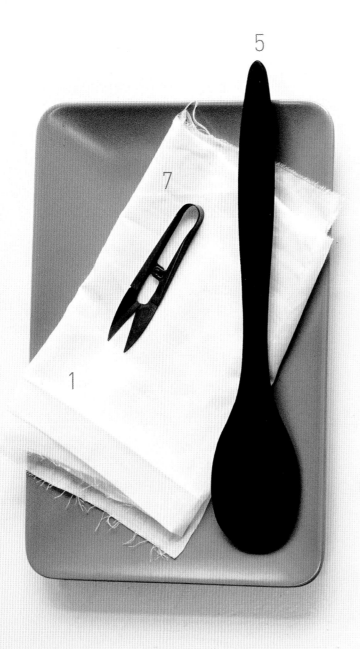

# Arashi
## Estampación por reserva con cilindro

Arashi es un término japonés que significa 'tormenta'. En su versión tradicional, esta técnica produce unos efectos semejantes a las ráfagas de lluvia durante una tempestad. Su carácter lúdico abre la imaginación a las infinitas posibilidades de la estampación por reserva.

Para la técnica del arashi necesitas un cilindro, y consiste en la compresión del tejido a modo de reserva para crear rayas sobre él. La tela se envuelve alrededor del cilindro de una manera determinada para conseguir el estampado deseado, se fija mediante gomas elásticas y se desliza hacia uno de los extremos del cilindro, comprimiéndola lo máximo posible. A continuación, el cilindro se sumerge en un baño de tinte. Envolviendo el tejido de distintas formas en torno al cilindro se obtienen estampados diferentes.

En el arashi tradicional, el tejido se envuelve alrededor del cilindro en un ángulo de 45º, creando rayas diagonales. Se han introducido multitud de modificaciones para modernizar esta técnica, que han generado variaciones en el tamaño, la dirección y la escala de las rayas, en función del modo y del ángulo en que se envuelva el tejido o de si la tela ha sido previamente plisada, entre otros factores.

La belleza del arashi reside en su movimiento, que intenta recrear el del agua de un mar agitado o de un cielo tormentoso y las poderosas emociones que estas imágenes evocan. Los estampados arashi son espectaculares, ya que parecen dispuestos según un orden pero son orgánicos en su diseño y contienen ese elemento desconocido que siempre entra en juego al experimentar con el shibori.

2

3

6

4

## Material necesario

Plancha

Tira de algodón blanco
o de color claro de unos
30 cm de ancho (1)

*NOTA*: el tamaño del tejido
está determinado por el
diámetro de la tubería
de plástico utilizada. Si
deseas teñir una pieza
más grande, necesitarás
un cilindro más ancho.

Tubería de plástico de
unos 50 cm de largo
y 10 cm de diámetro (2)

Gomas elásticas (3)

Cubo para remojo

Toalla

Mascarilla de papel

Guantes de goma (4)

Tina para tintura con
capacidad suficiente para
poder sumergir la tubería

Cuchara (5)

Tinte índigo (6)

Cortahílos (7)

Hidrosulfito de sodio

Ceniza de sosa

# Cómo realizar un estampado por reserva con cilindro

**1** Plancha la pieza de tela y ponla sobre una superficie firme.

**2** Coloca la tubería diagonalmente sobre el tejido, con uno de sus extremos sobre la esquina superior de la tela. Enrolla la tela alrededor del cilindro, asegurándote de que los dos bordes del tejido coincidan y no sesuperpongan, ya que esto daría lugar a una doble imagen o a un efecto de máscara en el estampado.

**3** Fija el tejido a los dos extremos de la tubería mediante gomas elásticas.

**4** Pon gomas elásticas alrededor de la tubería a intervalos de aproximadamente 2 cm. Debes asegurarte de que están lo suficientemente apretadas como para actuar de reserva. Si es necesario, da varias vueltas con cada goma.

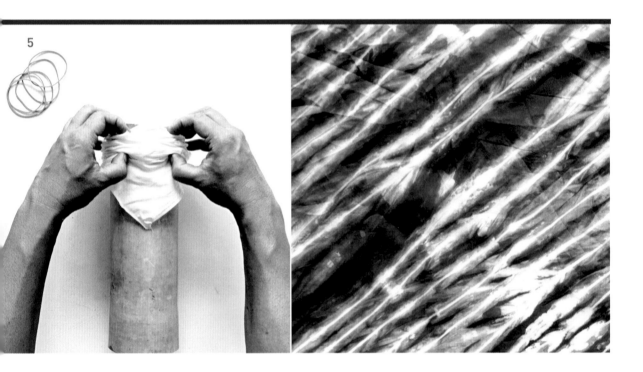

**5** Desliza el tejido hacia un extremo con firmeza para comprimirlo entre las gomas elásticas. Esta compresión es la que creará las reservas.

**6** Pon la tubería en remojo en un cubo con agua. Transcurridos 15 minutos, sácala y elimina el exceso de agua con una toalla.

**7** Prepara un baño de tinte índigo sintético poniendo 15 l de agua templada en una tina, espolvorea en ella el polvo de índigo y el hidrosulfito de sodio y remueve con suavidad. Aparte, disuelve la ceniza de sosa en 30 ml de agua caliente y despacio vierte la solución resultante en la tina. Deja reposar la mezcla 30 minutos. Luego, sumerge la tubería envuelta en el tejido en la tina y deja que el tinte actúe durante 15 minutos sin remover el agua.

**8** Aclara el tejido, aún envuelto alrededor de la tubería, con agua fría hasta que esta salga limpia. Retira las gomas elásticas (en ocasiones resulta más fácil y rápido cortarlas utilizando un cortahílos). Aclara el tejido de nuevo hasta que el agua salga limpia.

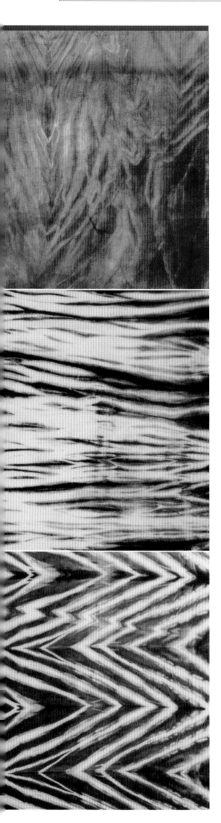

# 1 Desengomado

Al desengomar una pieza de organza de seda se da un efecto opaco a un material transparente.

Coloca el tejido sobre una superficie plana y plánchalo para eliminar posibles arrugas. Dóblalo con pliegues en acordeón a intervalos de 7,5 cm, aproximadamente. Pon la tira de tejido plisado sobre una mesa, en sentido horizontal y coloca sobre ella la tubería diagonalmente. Enrolla la tela alrededor de la tubería en sentido diagonal y fija sus dos extremos con gomas elásticas.

Pon gomas elásticas a lo largo de la tubería, comprimiendo el tejido a medida que lo haces. Métela luego en remojo en un cubo con agua. Transcurridos 20 minutos, extráelo y escurre el agua.

Siguiendo las instrucciones de la página 18, prepara una solución en caliente de ceniza de sosa. Sumerge en ella la tubería y déjala reposar 30 minutos.

Saca la tubería de la tina y aclárala con agua fría. Desliga la seda. Añade 2 cucharadas de vinagre blanco a un cubo de agua y neutraliza la seda durante 10 minutos en esta solución. Después, escúrrela y tiéndela al aire libre para que se seque.

# 2 Arashi en horizontal

Utilizar la técnica del arashi para crear líneas horizontales en lugar de diagonales crea un efecto de océano en calma en lugar de un mar tempestuoso.

Extiende el tejido sobre una superficie plana, plánchalo para eliminar posibles arrugas y enróllalo horizontalmente alrededor de la tubería, sujetando sus extremos con gomas elásticas.

Coloca gomas elásticas a lo largo de la tubería, comprimiendo el tejido a medida que lo haces, y ponla en remojo 20 minutos. Prepara una tina de índigo sintético como se indica en las instrucciones de la página 18. Saca la tubería del cubo, escurre el agua sobrante y sumérgela, con el tejido enrollado, en la tina de tintura. Déjala en la tina durante 15 minutos sin remover el agua.

Extrae la tubería del baño de tinte y deja que este se oxide durante 15 minutos. Aclara con agua fría, desliga el tejido y vuelve a aclararlo hasta que el agua salga limpia.

# 3 Arashi en espiga

Este estampado, de textura en forma de uves aleatorias, produce sorprendentes resultados cuando se trabaja con el arashi.

Coloca el tejido sobre una superficie plana y plánchalo para eliminar posibles arrugas. Dóblalo luego con pliegues en acordeón a intervalos de unos 7,5 cm. Pon el tejido plisado sobre una mesa horizontalmente y coloca la tubería sobre él en sentido diagonal. Enrolla la tela alrededor de la tubería diagonalmente y fija los extremos con gomas elásticas.

Pon gomas elásticas a lo largo de la tubería, comprimiendo el tejido a medida que lo haces y, después, ponlo en remojo en un cubo con agua durante 20 minutos. Prepara la tina de índigo sintético como se indica en las instrucciones de la página 18. Extrae la tubería del cubo y escurre el agua sobrante. Sumérgela, con el tejido enrollado a su alrededor, en la tina de tintura y déjala reposar 30 minutos sin remover el agua.

Una vez transcurridos, saca la tubería de la tina y deja que el tinte se oxide durante 15 minutos. Acláralo luego con agua fría, desliga el tejido y vuelve a aclararlo hasta que el agua salga limpia.

# Proyecto: Bolsa con estampado arashi

**Las bellas líneas en forma de pluma que genera el arashi constituyen un estampado muy original para decorar tus bolsas para la compra.**

Si utilizas una bolsa de calicó, es conveniente que la pongas en remojo en agua hirviendo para eliminar el revestimiento que suele ser habitual en este tipo de tejido.

**1** Comienza por lavar la bolsa para tener así una base óptima para la tinción.

**2** Colócala sobre una superficie plana y plánchala para eliminar posibles arrugas.

**3** Pon la tubería sobre la bolsa en sentido diagonal. Enróllala alrededor de la tubería y fija sus dos extremos mediante gomas elásticas.

**4** Coloca gomas elásticas a lo largo de la tubería a intervalos de 2,5 cm, aproximadamente, comprimiendo la bolsa a medida que lo haces. Asegúrate de que las gomas estén lo suficientemente apretadas como para crear una reserva frente al tinte; si es necesario, da varias vueltas con cada goma alrededor de la tubería. Incluye también las asas para que toda la bolsa tenga el mismo estampado.

**5** Pon la tubería en remojo, con la bolsa ya enrollada a su alrededor, durante 30 minutos.

**6** Saca la tubería del agua, escúrrela y elimina el agua sobrante con una toalla.

**7** Prepara un baño de índigo sintético vertiendo en la tina 15 l de agua templada, en la que espolvorearás el polvo de índigo y el hidrosulfito de sodio, y remueve con suavidad. Aparte, disuelve la ceniza de sosa en 30 ml de agua caliente y, lentamente, añade la solución a la tina de tintura. Deja reposar la mezcla. Transcurridos 30 minutos, sumerge la tubería en la tina durante 40 minutos, evitando remover o agitar el tinte, ya que esto podría causar burbujas.

**8** Extrae la tubería de la tina, deja que el tinte se oxide durante 15 minutos y aclárala con agua fría hasta que el agua salga limpia. Después, desliga el tejido, aclaralo de nuevo y lávalo con líquido lavavajillas hasta que el agua salga limpia.

## El arashi contemporáneo

En el arashi tradicional japonés, el artista shibori utiliza un cilindro de madera en lugar de una tubería; por ello, esta técnica suele ser conocida como estampación por reserva con cilindro. Fueron los artistas contemporáneos norteamericanos quienes utilizaron por vez primera tuberías de desecho para el shibori. También introdujeron colores vivos y sorprendentes, y colocaron los diseños sobre el tejido de manera aleatoria. Estas innovaciones convirtieron esta técnica en un símbolo de la década de los sesenta.

# Mokume
# Reserva por cosido y fruncido

El mokume es una técnica de shibori japonés de reserva por cosido conocida por sus singulares estampados, semejantes a las vetas de la madera. Este tipo de reserva se realiza dando puntadas al tejido para formar hileras paralelas de pespuntes. Después, se tira de los extremos del hilo para fruncir la tela y crear así zonas impenetrables para el tinte. Es la técnica de reserva por cosido más sencilla, por lo que resulta ideal como introducción a otras más avanzadas.

L as técnicas de reserva por cosido son más complejas que las basadas en el degradado por inmersión, la tintura localizada o el arrugado. Requieren precisión y planificar el diseño. En Japón existen diferentes técnicas de reserva por cosido que, a menudo, se combinan en una misma pieza para poner de relieve diversas partes y formas reservadas al diseño. Por ejemplo, el mokume puede combinarse con técnicas shibori de reserva por cosido más avanzadas, como el maki-nui y el karamatsu.

A pesar del carácter básico del mokume, deberás tener en cuenta una serie de factores que te permitirán alcanzar el mejor resultado posible. Con una regla y una tiza o jaboncillo de sastre puedes planificar y marcar la trayectoria de las puntadas. Es conveniente utilizar hilo de contraste para los pespuntes y hacer pruebas con retales de pequeño tamaño para calcular con exactitud la tensión que hay que aplicar al tirar del hilo para fruncir el tejido.

El mokume te abre las puertas a un abanico de pespunteados diversos y a las posibilidades que estos conllevan. Utilizar las puntadas para crear formas básicas es fácil, y gracias a esta técnica podrás realizar estampados más complejos.

3

# Material necesario

Plancha

Tejido de algodón o de fibras naturales teñido (1)

Jaboncillo de sastre o tiza

Regla

Aguja e hilo de coser (2)

Cubo para remojo

Toalla

Mascarilla de papel

Guantes de goma (3)

Olla para la tintura

Tinte ácido (4)

Tijeras (5)

Vinagre

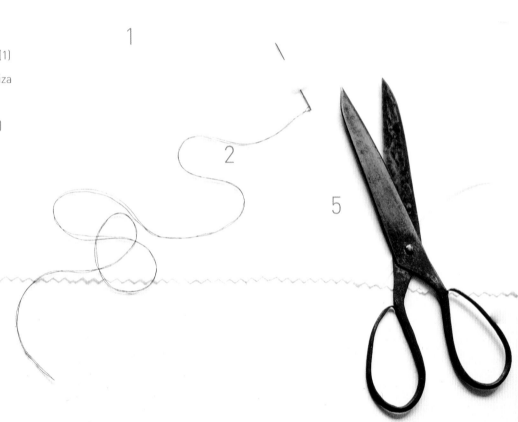

## Ideas para pespunteados

Un bonito pespunteado también puede servirnos para adornar piezas ya terminadas.
El mokume suele ir de la mano del arte tradicional japonés del sashiko.

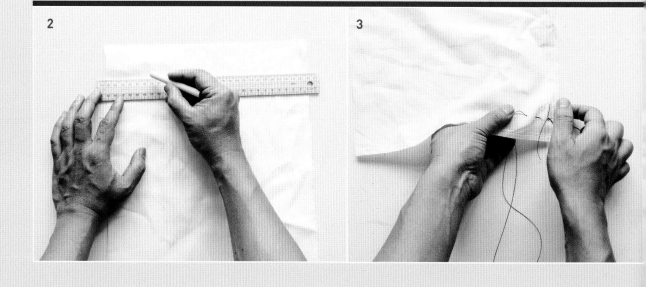

# Cómo realizar una reserva por cosido y fruncido

**1** Plancha la tela y ponla sobre una superficie firme.

**2** Con una regla y un jaboncillo de sastre traza sobre la tela líneas horizontales con una separación entre ellas de 2 cm.

**3** Enhebra la aguja con hilo doble y haz en el extremo un nudo resistente. Pespuntea la primera línea y, cuando llegues al final, corta el hilo dejando unos 15 cm adicionales y asegura el extremo con un nudo. Este es el hilo del que tirarás para fruncir el tejido a lo largo de la línea.

**4** Repite los pasos anteriores hasta que todas las líneas que hayas dibujado estén pespunteadas.

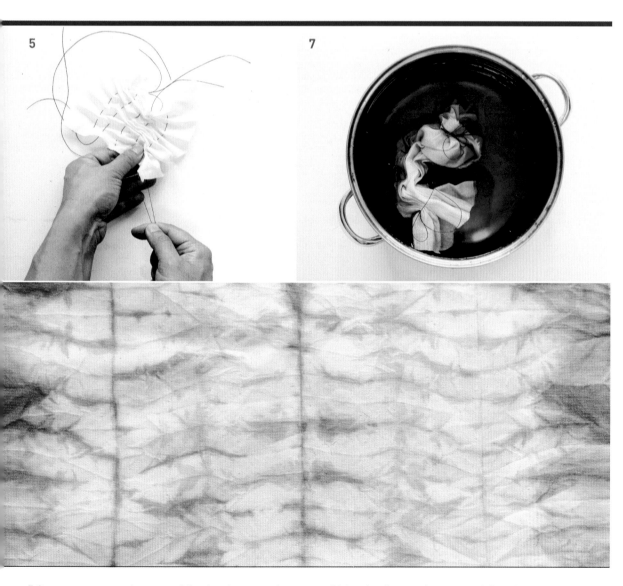

**5** Coge con una mano los extremos de todos los hilos y tira de ellos con suavidad; mientras, con la otra mano, empuja el tejido para crear un fruncido. Fija los hilos con un nudo bien apretado.

**6** Pon la tela en remojo en un cubo con agua. Transcurridos 15 minutos, extráela y elimina el agua sobrante con una toalla.

**7** Llena la olla para tintura con 10 l de agua templada por cada 500 g de tejido seco. Prepara un tinte ácido disolviendo el colorante en agua hirviendo y viértelo. Añade vinagre y coloca la tela en la olla de forma que quede completamente sumergida. Deja que el tinte actúe durante 30 minutos, con la olla hirviendo a fuego lento y removiendo su contenido con regularidad.

**8** Cuando el proceso de tintura haya finalizado, aclara el tejido con agua corriente templada, corta los nudos y descose los pespuntes. Luego, aclara de nuevo hasta que el agua salga limpia.

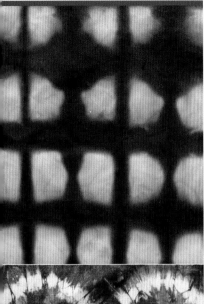

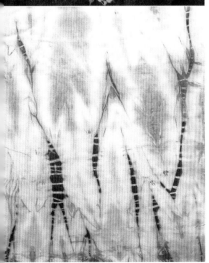

# 1 Mokume a cuadros

Para este estampado, utilizarás una técnica tradicional muy sencilla con la que conseguirás un efecto llamativo.

Plancha el tejido. Empezando por el extremo inferior del mismo, dóblalo 5 cm hacia delante y, después, dobla este pliegue dos veces más (manteniendo la misma anchura) hasta formar cuatro capas de 5 cm de anchura. Deja que la tela sobrante sobresalga por el lateral. Plancha el tejido para aplanarlo, gíralo y dóblalo con pliegues en acordeón. Pasa una aguja con doble hilo a través de los pliegues para fijar el plisado. Asegura el hilo con un nudo.

Pon la tela en remojo durante 20 minutos. Prepara una tina de tinte índigo sintético siguiendo las instrucciones de la página 18. Saca el tejido, cosido con el hilo, del cubo para remojo y escurre el agua sobrante. Sumérgelo en la tina de tintura durante 15 minutos sin remover el agua.

Una vez finalizada esta fase, extrae el tejido de la tina y deja que el tinte se oxide durante 15 minutos. Después, acláralo con agua fría hasta que el agua salga limpia antes de descoser los pespuntes y revelar el estampado de cuadros.

# 2 Mokume en forma de corazón

Ilustra tu shibori con formas básicas creadas mediante reservas por cosido.

Dobla el tejido por la mitad y plánchalo. Con un jaboncillo de sastre dibuja sobre él la mitad de un corazón, tomando el pliegue como eje central del mismo. Enhebra una aguja con hilo doble, anuda su extremo y haz un pespunte a lo largo de la línea trazada, comenzando por la parte superior del corazón y frunciendo el tejido a medida que avanzas. Cuando llegues al final del corazón, tira de los hilos tan firmemente como puedas y, después, asegura el fruncido con un nudo bien apretado.

Pon el tejido en remojo en un cubo de agua entre 10 y 15 minutos. Recuerda que la tela encoge cuando está en remojo, por lo que quizá debas volver a atar los nudos con mayor firmeza. Prepara una tina de índigo sintético según las instrucciones de la página 18. Saca el tejido del cubo y sumérgelo por completo en el baño de tinte durante 15 minutos.

Una vez finalizado este proceso, extrae la tela de la tina y deja que el tinte se oxide durante 15 minutos. Después, acláralo con agua fría hasta que el agua salga limpia y descose los pespuntes.

# 3 Rayas mokume

Este diseño clásico de rayas puede reinventarse de infinitas maneras; incluso podrás darle una textura al tejido.

Dobla la tela por la mitad. Con una aguja enhebrada con doble hilo, haz un pespunte a lo largo del doblez, frunciendo el tejido con firmeza a medida que avanzas. Cuando llegues al final, enrolla fuertemente el hilo alrededor de la línea de pespuntes ya fruncida y continúa enrollándolo a lo largo del tejido unos 20 cm, hasta formar un cilindro de tejido atado. En este punto, extiende la parte de la pieza que no está atada y haz otro pespunte para fruncirla, del mismo modo que antes. Enrolla luego el hilo en torno al tejido hasta que quede todo atado.

Pon el tejido en remojo durante 20 minutos. Prepara un tinte reactivo siguiendo las instrucciones de la página 18. Extrae la tela del cubo, escurre el exceso de agua y sumérgela en la tina de tintura durante 30 minutos, removiendo el tinte con regularidad para asegurar que el tejido quede uniformemente teñido. Sácalo a continuación de la tina y acláralo con agua fría hasta que el agua salga limpia; después, descose los pespuntes.

# Proyecto: Pañuelo de seda con shibori por cosido

Una excelente idea para hacer alarde de tus habilidades con el shibori por cosido consiste en transformar un viejo pañuelo de seda en un bello accesorio que, a buen seguro, será objeto de grandes cumplidos.

Al comenzar a practicar el shibori por cosido, es conveniente que trabajes con una pieza de pequeño tamaño y utilices hilo de contraste, de este modo verás el pespunteado con mayor claridad. Experimenta con la tensión de los hilos, asegurándote siempre de que queden bien tirantes al finalizar la fase previa de remojo para obtener los mejores resultados.

**1** Coloca el pañuelo sobre una superficie plana y plánchalo.

**2** Partiendo de uno de los extremos de la pieza, dobla el tejido hacia dentro 5 cm; después, vuelve a doblarlo hacia dentro dos veces más (manteniendo la misma anchura del pliegue) para formar cuatro capas de tejido de 5 cm de anchura. La tela sobrante sobresaldrá por un lado. Plancha la pieza.

**3** Gira la pieza 90º y pliega el tejido que has doblado en el paso anterior con pliegues en acordeón. Pasa una aguja enhebrada con doble hilo a través de los pliegues, haciendo un pespunte para fijar el plisado, y asegura el hilo con un nudo.

**4** Sumerge el pañuelo en un cubo con agua. Transcurridos 20 minutos, sácalo y elimina el exceso de agua con una toalla.

**5** Llena una olla esmaltada o de acero inoxidable con 15 l de agua caliente por cada 500 g de tejido seco. Prepara un tinte ácido disolviendo el colorante en agua, en cantidad suficiente como para obtener una solución, y añádela a la olla. Lleva el líquido a ebullición, sumerge el pañuelo y deja que el tinte actúe durante 10 minutos, removiéndolo con regularidad para asegurarte de que la pieza queda uniformemente teñida. Añade 2 cucharadas soperas de vinagre.

**6** Una vez finalizado el proceso de tinción, aclara el pañuelo con agua fría. Después, corta los nudos, descose los pespuntes y vuelve a aclarar el pañuelo hasta que el agua salga limpia.

## Consejos para teñir seda

A la hora de teñir seda, es recomendable utilizar tintes ácidos, a fin de conseguir colores más intensos. La ceniza de sosa también influye en el tinte de la seda, ya que elimina el brillo del tejido.

La seda habotai, conocida como seda de China, es muy ligera y suele utilizarse para fulares. Tejida con una urdimbre de tafetán, a menudo es empleada por los artistas para pintar sobre ella. Este tipo de seda es lo suficientemente resistente como para ser trabajada con pespuntes y presenta un hermoso lustre, lo que la hace idónea para el mokume.

El voile de algodón es una buena alternativa, ya que admite bien tanto los tintes reactivos como el índigo y los tintes directos.

# Kumo
# Reserva por atado en forma de telaraña

El kumo (término que significa 'araña' en japonés) genera estampados que recuerdan las delicadas líneas de una tela de araña. Esta técnica puede aplicarse de muchas maneras sorprendentes, aunque la más popular son los círculos emblemáticos de la ropa hippie.

E l kumo se compone a base de círculos dispuestos de forma concéntrica, de más pequeño a más grande, unidos entre sí por las marcas que las ligaduras dejan en el tejido. La técnica consiste en pinzar el tejido y tirar de él hasta formar un pico que se ata partiendo de su base, primero en sentido ascendente y después en sentido descendente. Se forma así una especie de salchicha de tejido atado con una base de tela suelta, lo que permite volver a aplicar la misma técnica en otra zona de la misma, si lo que se desea es plasmar varios motivos. El estampado puede variarse modificando el tamaño de cada uno de los círculos atados o la distancia entre las cuerdas con que se ligan.

Tradicionalmente, se utiliza un gancho o una herramienta similar para crear y sujetar el pico, dejando así las manos libres para atar el tejido. Para facilitar el proceso a los principiantes, recomendamos insertar un palillo en el extremo superior del pico para evitar que se mueva y tener una base firme que permita atar el tejido.

El kumo ofrece unos resultados particularmente notables cuando se trabaja con dupión de seda o alguna tela similar de trama tupida: las irregularidades propias de la seda dan lugar a texturas en forma de telaraña y la trama tupida del tejido realza las delicadas líneas de la misma. El kumo se utiliza habitualmente en la decoración de quimonos *vintage* y es una de las técnicas del shibori japonés más fácilmente identificables.

1

4

## Material necesario

Plancha

Tejido de seda blanco
o de color claro (1)

Palillos de dientes (2)

Hilo de poliéster
o de nailon (3)

Cortahílos (4)

Toalla

Mascarilla de papel

Guantes de goma (5)

Tina para tintura

Cuchara de madera (6)

Tinte ácido (7)

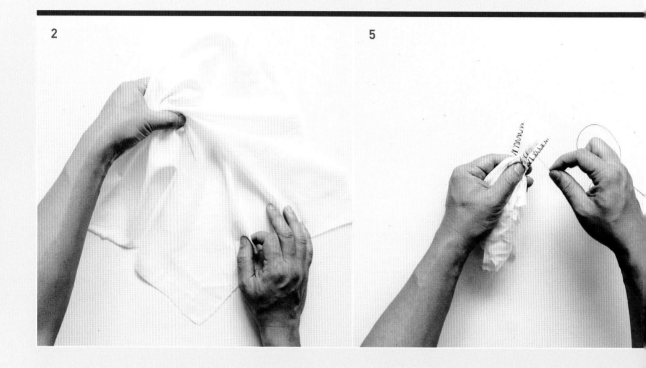

# Cómo realizar un estampado de telaraña mediante reserva por atado

**1** Plancha la pieza de seda.

**2** Forma un pico en el tejido colocando debajo un palillo de dientes.

**3** Envuelve la tela alrededor del palillo para crear pequeños pliegues.

**4** Sujeta la base del palillo y el hilo y, partiendo de la base del pico, comienza a enrollar el hilo alrededor del tejido en sentido ascendente. Una vez alcanzado el extremo superior del pico, sigue enrollando el hilo en sentido descendente. Asegura el hilo con un nudo y corta el sobrante.

7

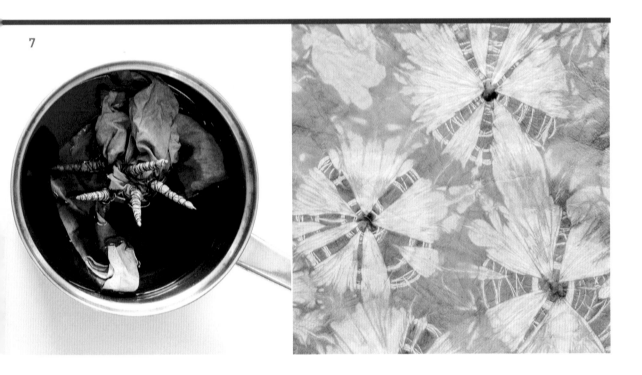

**5** Repite el proceso hasta obtener un conjunto de palillos envueltos y atados.

**6** Pon el tejido en remojo durante 20 minutos en un cubo con agua. Después, sácalo y elimina el exceso de agua con una toalla.

**7** Prepara un tinte ácido disolviendo el colorante en suficiente agua caliente para obtener una solución. Pon a hervir 2 l de agua y vierte en ella el tinte ya disuelto. Introduce el tejido en el baño de tinte, asegurándote de que queda sumergido, y deja que actúe durante 30 minutos, removiendo el agua con regularidad.

**8** Aclara el tejido con agua fría, retira los hilos y los palillos y aclara de nuevo hasta que el agua salga limpia.

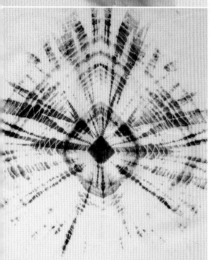

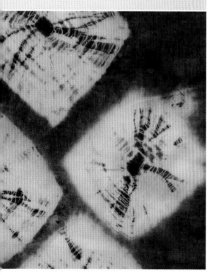

# 1 Kumo termofijado

La belleza de los picos creados por termofijado siguiendo la técnica del kumo confiere al tejido un extraordinario elemento táctil.

Esta técnica se utiliza a menudo sobre seda, pero hay que tener en cuenta que al lavarla se pierde su impronta. Para evitar que esto suceda, utiliza tejidos sintéticos, que conservarán la forma termofijada después del lavado. Humedece la tela con un atomizador de agua. Forma un pequeño pico en la parte inferior de la pieza pellizcando el tejido y átalo con hilo partiendo de su base, primero en sentido ascendente hasta alcanzar su extremo superior y después en sentido descendente hasta la base. Asegura el hilo con un nudo resistente. Repite el proceso hasta alcanzar el número de picos deseado.

Envuelve la pieza en papel de periódico o en muselina y colócala en una vaporera de bambú. Llena un wok con un poco de agua y pon la vaporera dentro. Lleva el agua a ebullición y deja que el vapor actúe 20 minutos. Cuando el agua se haya enfriado, saca la tela, desenvuélvela y desata uno de los picos. Si el resultado te satisface, quita el hilo de los picos restantes. En el caso de que estés trabajando con un tejido grueso o una pieza de gran tamaño, quizás precisen más vapor. Si esto sucede, vuelve a atar el pico que habías desatado y expón el tejido nuevamente al vapor. Transcurridos 10 minutos, la pieza estará acabada.

# 2 Kumo a gran escala

Jugando con la escala de los motivos puedes realzar las delicadas líneas de telarañas que forma el kumo.

Coloca el tejido sobre una superficie plana. Con el pulgar y el índice, pellizca el centro de la pieza y tira de él hasta formar un pico del tamaño deseado para el círculo kumo a gran escala. Coloca una goma elástica en la base del pico para fijar la tela. Humedece el círculo fruncido justo hasta alcanzar la goma elástica y, con hilo sintético, ata el tejido desde la base del pico primero en sentido ascendente y, cuando llegues al extremo superior, de nuevo en sentido descendente. Al acabar, anuda el hilo firmemente.

Pon la tela en remojo durante 10 minutos. Prepara un baño de tinte índigo siguiendo las instrucciones de la página 18. Saca el tejido del cubo y escúrrelo para eliminar el exceso de agua. Sujetándolo bien por la goma elástica, sumerge el círculo fruncido en el baño de color durante 10 minutos (debes apoyar el resto de la tela en las paredes de la tina).

Extrae el tejido de la tina, cuidando de no salpicar las zonas sin teñir, y déjalo oxidar durante 15 minutos. Acláralo con agua fría en dirección contraria a la parte sin teñir hasta que el agua salga limpia.

# 3 Kumo con tinte de dos colores

Esta técnica crea delicados círculos kumo sobre un fondo monocolor teñido a mano.

Coloca el tejido sobre una superficie plana y pellízcalo hasta formar un círculo del tamaño deseado. Pon en su base una goma elástica. Humedece el círculo de tejido fruncido hasta la goma elástica y, con hilo sintético, ata la tela en sentido ascendente partiendo de la base. Cuando alcances el extremo superior, vuelve a atarla en sentido descendente, anudando el hilo en la base. Haz tantos círculos como desees.

Pon el tejido en remojo durante 10 minutos. Prepara una tina de índigo sintético siguiendo las instrucciones de la página 18. Saca la pieza del remojo y escurre el agua sobrante. Sujetando el tejido firmemente por la base de la goma elástica, sumerge en el baño de tinte los círculos atados.

Transcurridos 10 minutos, extrae los círculos de la tina de tintura, deja que el tinte se oxide 15 minutos y acláralo con agua fría en dirección contraria a la parte del tejido sin teñir. Cubre los picos, ya aclarados, con film transparente y asegúralos con gomas elásticas; de este modo evitarás que queden expuestos al segundo baño de tinte. Prepara un tinte reactivo siguiendo las instrucciones de la página 18 y sumerge en él toda la pieza durante 30 minutos. Luego, sácala, aclárala, retira las ligaduras y aclárala de nuevo.

# Proyecto: Funda nórdica y almohadones con kumo

Un proyecto de gran envergadura para decorar tu habitación o dar nueva vida a tu ropa de cama. Con el kumo podrás hacer repeticiones de motivos en diferentes tamaños y crear una colección singular.

En este proyecto se usa tinte índigo, aunque con tintes reactivos o directos también se logran buenos resultados.

**1** Extiende la funda nórdica, blanca o de color claro, con el derecho del tejido hacia arriba. En el centro de la pieza, forma un pico con la tela hasta que tenga el tamaño deseado para el círculo kumo y coloca una goma elástica en su base para fijarlo.

**2** Moja el círculo fruncido hasta alcanzar la goma elástica. Utilizando hilo sintético, comienza a atar la tela partiendo de la base del pico en sentido ascendente. Cuando llegues al extremo superior del pico, sigue atando el tejido en sentido descendente, hasta formar un gran círculo de tejido fruncido. Fija el hilo con un nudo y corta lo que sobre.

**3** Pon el círculo de tejido fruncido en remojo en un cubo con agua durante 20 minutos.

**4** Prepara un baño de tinte índigo sintético llenando una tina con 15 l de agua templada, en los que disolverás el polvo de índigo y el hidrosulfito de sodio, removiendo el agua con suavidad. Haz otra solución con 30 ml de ceniza de sosa (2 cucharadas soperas) y agua caliente y añádela poco a poco al baño de tinte. Deja reposar durante 15 minutos.

**5** Saca la tela del cubo y elimina el exceso de agua con una toalla. Sujetando el círculo de tejido fruncido firmemente por la base de la goma elástica, sumérgelo por completo en el baño de tinte durante 10 minutos (sujeta el tejido restante con la mano o bien colócalo sobre las paredes de la tina).

**6** Extrae la tela de la tina cuidando de no manchar de tinte las áreas sin teñir. Aclárala con agua fría, en dirección contraria a la parte sin teñir, hasta que el agua salga limpia. Desata las ligaduras y lava la pieza en agua fría con líquido lavavajillas.

## El kumo contemporáneo

Para complementar tu funda nórdica, puedes decorar unos almohadones con diferentes motivos kumo, experimentando con círculos aislados, creando conjuntos o diseminándolos al azar.

Cuando se utiliza tinte índigo para teñir ropa de cama, es recomendable poner la pieza en remojo en agua hirviendo una vez finalizado el proceso de tinción para eliminar el exceso de tinte y prevenir que se transfiera a otras piezas.

Las telas teñidas con índigo nunca deben lavarse con detergente; lávalas con líquido lavavajillas.

# Termofijado de tejidos

1

5

3

A menudo, la belleza del shibori reside en las ligaduras y en su efecto tridimensional. En ocasiones, cuesta hacerse a la idea de que hay que deshacer esos hilos intrincados, ya que la forma escultural que adquieren las piezas puede ser tan fascinante como el resultado del proceso de tinción. El termofijado, además de teñir los tejidos, acentúa el aspecto escultórico de esta técnica milenaria.

Para hacer un termofijado, ata una pieza de tejido 100 % poliéster como si fueses a sumergirla en un baño de tinte, pero, en lugar de eso, la someterás a un tratamiento de calor en una vaporera o en una olla a presión. Esto fijará la forma de las ligaduras y mantendrá la cualidad escultural, que se pierde cuando el colorante es el centro de atención y, al finalizar el proceso de tinción, se desatan y se plancha el tejido.

El poliéster es un material termoplástico, lo que significa que, al aplicarle calor, las fibras se funden y quedan fijas. Esta técnica también se puede aplicar a la seda, hirviendo el tejido o sometiéndolo a la acción del vapor y dejando que se seque antes de retirar las ligaduras. Sin embargo, en este caso el efecto conseguido no es permanente como ocurre con el poliéster, por lo que las piezas deben limpiarse en seco para evitar que pierdan la forma.

Muchos artistas se han centrado en esta técnica, explorando las formas generadas por el shibori en lugar de los estampados bidimensionales creados por el tinte. El shibori termofijado suele encontrarse en fulares y blusas de alta costura, en los que los diseñadores utilizan el relieve que confiere esta técnica como adorno para sus prendas.

## Material necesario

Jaboncillo de sastre
o tiza (1)

Regla (2)

Tejido 100 % poliéster
(3)

Canicas (4)

Gomas elásticas (5)

Papel de periódico
o muselina (6)

Vaporera de bambú
usada (7)

Wok usado

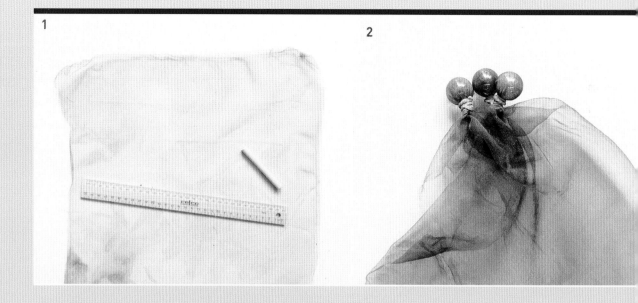

# Cómo termofijar un tejido

**1** Con un jaboncillo de sastre y una regla, marca las áreas que quieras atar; este paso no resulta esencial, ya que puedes optar por un diseño disperso o formar conjuntos al azar.

**2** En las áreas previamente marcadas, coloca una canica debajo del tejido, envuélvela con este y sujétala con una goma elástica.

**3** Repite el proceso hasta que hayas atado todas las zonas marcadas. Asegúrate de que todas las canicas estén colocadas en la misma cara del tejido, ya que esto afectará a la forma general de la pieza.

**4** Envuelve la pieza en papel de periódico o muselina para protegerla.

**5** Pon la pieza en una vaporera de bambú e introdúcela en un wok, que llenarás con agua hirviendo hasta cubrir la base de la vaporera, sin que llegue a tocar el tejido. Pon la pieza al vapor durante 20 minutos. Vigila el nivel del agua y, si se consume al hervir, añade más al wok.

**6** Extrae la vaporera del wok, deja que la pieza se enfríe y sácala de la vaporera.

**7** Retira el papel de periódico o la muselina que envuelve el tejido y desliga una de las canicas para comprobar la forma resultante. Si te parece satisfactoria, retira todas las gomas elásticas. Si se trata de un tejido grueso o de una pieza de gran tamaño, es posible que debas exponerlos al vapor durante 10 minutos más; en ese caso, vuelve a ligar la canica de prueba con una goma y somete de nuevo el tejido a la acción del vapor.

**8** Una vez termofijada la pieza, puedes lavarla en agua fría si lo deseas.

# 1 Termofijado en forma de estrella

Cada una de las técnicas shibori puede tener su variante de termofijado, ya que en todos los procesos de shibori hay fases que producen formas escultóricas y conservar estos elementos tridimensionales suele resultar muy sencillo.

Necesitarás una plancha de vapor y un tejido de organza 100 % sintético. Con la plancha, plisa el tejido en sentido horizontal haciendo pliegues de unos 10 cm de anchura y fíjalos en acordeón. Después, en lugar de doblar la pieza en sentido vertical, dale forma de triángulo doblando el tejido hacia atrás y hacia delante, como si estuvieses preparando *samosas*. De este modo, obtendrás una pieza formada por triángulos apilados (véase el diagrama de la página 22), que nuevamente plancharás con vapor. Cuando el tejido se haya enfriado, extiéndelo para comprobar la estructura de la pieza.

# 2 Termofijado de tipo arashi

La compresión que se aplica al tejido en la técnica del arashi produce una textura idónea para crear una pieza escultural.

Utiliza un tejido de organza 100 % sintético o similar y un cilindro de metal, como, por ejemplo, una lata de conservas vacía. No utilices tuberías de plástico, ya que podrían fundirse al introducirlas en la vaporera. Enrolla la tira de tejido sintético alrededor del cilindro o de la lata y fija sus extremos con gomas elásticas. Pon el cilindro de pie sobre una mesa y coloca gomas elásticas a lo largo del mismo, a intervalos de aproximadamente 1 cm. Desliza la tela hacia abajo para que quede firmemente comprimida entre las gomas. Esta compresión es la que dará lugar a la textura fruncida de la pieza. Coloca el cilindro en una vaporera de tamaño grande y somete el tejido a la acción del vapor durante 20 minutos. Saca el cilindro de la vaporera, deja que se enfríe y retira las gomas elásticas para comprobar la estructura de la pieza.

# 3 Termofijado con canicas de tamaño variado

Una manera muy efectiva de modificar la escala del moldeado por termofijado es utilizar reservas de diferentes tamaños.

Elige al azar las zonas donde colocarás y atarás las canicas, asegurándote de que todas estén en la misma cara del tejido; de no ser así el aspecto general de la pieza acabada podría verse afectado. Ata las canicas de forma progresiva, hasta completar toda la tela.

Envuelve la pieza en papel de periódico o muselina para protegerla e introdúcela en una vaporera de bambú. Pon la vaporera en el wok y expón el tejido al vapor durante 20 minutos. Cuando se haya enfriado, sácalo de la vaporera, retira el envoltorio y desata una canica para comprobar el resultado. Si te satisface, quita todas las gomas elásticas. Pero si el tejido es grueso o se trata de una pieza de gran tamaño, es posible que debas dejar actuar al vapor durante 10 minutos más. En ese caso, vuelve a atar la canica de prueba y somete nuevamente la pieza a la acción del vapor.

Una vez terminado, lava el tejido con agua fría si lo deseas.

# Proyecto: Fular de alta costura con termofijado

Los delicados pliegues termofijados crean un bello e intrincado fular que bien podría figurar en cualquier desfile o revista de moda.

A la hora de trabajar la técnica del shibori termofijado, debes recordar que los tejidos sintéticos son materiales termoplásticos y que, por tanto, pueden alcanzar temperaturas muy altas.

1 Extiende un trozo de film transparente para uso alimentario sobre una superficie plana y coloca encima una pieza de organza 100 % sintética de la misma medida.

2 Dobla la tela en sentido horizontal haciendo pliegues en acordeón de aproximadamente 1 cm de ancho; utiliza el film transparente para mantener los pliegues en su lugar.

3 Continúa plisando el tejido hasta que completes toda la pieza.

4 Con cuidado, sujeta con mordazas cada uno de los extremos del tejido y del film, manteniendo firmemente unidos los pliegues.

5 Pon la pieza en una vaporera de bambú. Introdúcela en un wok, que llenarás con suficiente agua hirviendo como para cubrir la base de la vaporera, pero sin que llegue a tocar el tejido. Somete la pieza a la acción del vapor durante 20 minutos, vigilando el nivel del agua, ya que si se consume el líquido, deberás añadir más.

6 Extrae la vaporera del wok, deja que se enfríe y saca la pieza de la vaporera.

7 Cuando la tela se haya enfriado, extiende la pieza y retira el plástico que la envuelve para comprobar el plisado resultante. Si lo deseas, puedes lavar la pieza termofijada ya terminada en agua fría.

## Termofijado de otros tejidos

La técnica del termofijado puede aplicarse también a tejidos de seda o de algodón. No obstante, si se quiere conservar el plisado solo se podrán limpiar en seco, ya que el agua desharía los pliegues.

Muchos diseñadores de moda han utilizado el termofijado en sus colecciones. El icónico diseñador japonés Issey Miyake fue uno de los primeros en dar a conocer esta técnica a nivel mundial.

# Estampación por plegado

Las rayas son un diseño clásico que podemos encontrar en muchas manufacturas y en diversidad de estilos. Su creación mediante una técnica manual que refleja con fidelidad la idea concebida por el creador de la pieza hace de las rayas shibori algo muy especial.

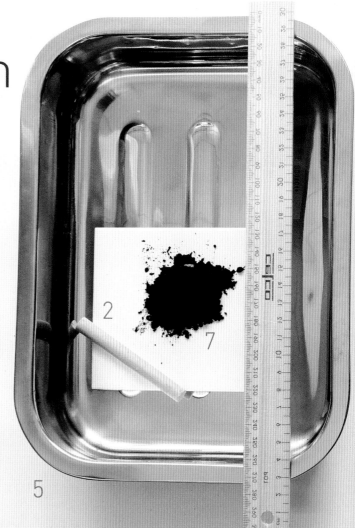

Podemos crear rayas utilizando técnicas como el arashi (véase la página 36) o las reservas con plantilla (véase la página 76), pero a menudo el proceso más elemental es el más satisfactorio. La técnica que se explica a continuación sigue un proceso similar al de la reserva con plantillas, con la diferencia de que en este caso no las utiliza. Aquí las rayas se generan gracias al método de plegado, utilizando mordazas para evitar que el tejido se desplace, y el motivo surge simplemente sumergiendo en el tinte la mitad del tejido plisado.

En esta técnica el diseño es importante, ya que podemos determinar en gran medida el resultado final antes de comenzar el proceso. Por tanto, es esencial planificar bien las rayas, que se pueden modificar alterando la anchura del pliegue, las áreas que quedarán bañadas por el tinte y el ángulo del plisado, o bien incorporando otras técnicas, como el pespunteado doble.

Las rayas pueden tener anchuras diferentes, ser de dos tonos o multicolores, presentar un degradado o estar claramente definidas, ofrecer un tono fuerte o estar difuminadas. Esta sencilla técnica permite multitud de variantes y constituye un excelente punto de partida para el shibori, ya que incluso los principiantes pueden conseguir resultados profesionales. Las rayas son un motivo atemporal y gracias al shibori podrás personalizar las tuyas.

# Material necesario

Plancha

Tejido de algodón blanco o de color claro (1)

Jaboncillo de sastre o tiza (2)

Regla (3)

Pinzas o mordazas (4)

Cubo para remojo

Toalla

Tina para tintura poco profunda pero con anchura suficiente como para abarcar la raya en toda su longitud (5)

Mascarilla de papel

Guantes de goma (6)

Tinte reactivo (7)

**2**     **3**

# Cómo crear rayas mediante reserva por plegado

**1** Plancha el tejido y colócalo sobre una superficie firme.

**2** Utilizando un jaboncillo de sastre y una regla, traza líneas horizontales sobre la tela con una separación entre ellas de 10 cm.

**3** Forma pliegues de tipo acordeón siguiendo las líneas trazadas, doblando el tejido hacia un lado y hacia otro. Plánchalo luego para fijar los pliegues.

**4** Asegura los pliegues mediante mordazas.

**4**

**6**

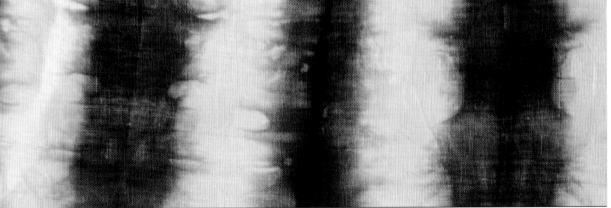

**5** Pon el tejido en remojo en un cubo con agua. Transcurridos 10 minutos, sácalo y elimina el exceso de agua con una toalla.

**6** Prepara un tinte reactivo disolviendo el colorante en suficiente agua templada como para obtener una solución y añádelo a la tina, que contendrá 1 l de agua. En otro recipiente, disuelve sal y ceniza de sosa en agua caliente y agrégalas a la tina (para las cantidades, véanse las instrucciones para tintes reactivos de la página 18). Sujetando el tejido por las mordazas, sumerge el borde de los pliegues en el baño de tinte (recuerda que al desplegar la pieza la anchura de la raya será el doble que la del tejido sumergido en el tinte). Deja que el tinte actúe 30 minutos.

**7** Una vez completado el proceso de tinción, extrae con cuidado el tejido de la tina, procurando no manchar las áreas sin teñir.

**8** Aclara la pieza con agua fría, retira las mordazas y vuelve a aclararla hasta que el agua salga limpia.

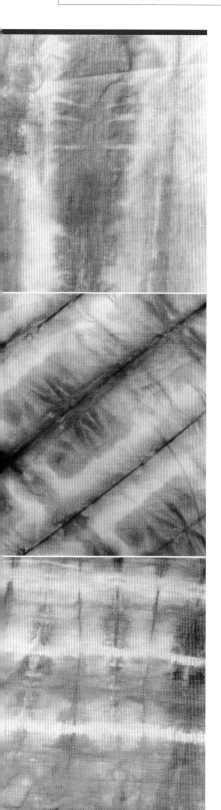

# 1 Rayas bicolores

**Las rayas realizadas en dos colores generan un efecto muy llamativo.**

Plancha el tejido y con una regla y un jaboncillo de sastre traza líneas sobre él a intervalos de 10 cm. Siguiendo estas líneas, dobla la tela con pliegues en acordeón y plánchala de nuevo. Fija el tejido con mordazas.

Pon la tela en remojo en un cubo con agua durante 10 minutos y prepara un tinte reactivo siguiendo las instrucciones de la página 18. Extrae la pieza del cubo y elimina el exceso de agua con una toalla. Sujetando el tejido por las mordazas, sumerge el borde de los pliegues en una tina poco profunda (recuerda que la anchura de la raya cuando despliegues la pieza será el doble que la de la tela sumergida en el baño). Deja que el tinte actúe 30 minutos.

Pasado este tiempo, saca el tejido de la tina, con cuidado de no manchar la parte sin teñir. Sujetando la pieza por las mordazas, aclárala en agua fría. Después, cambia de lado las mordazas, para que sujeten el tejido por la parte que acabas de teñir. Prepara un segundo baño de color según las instrucciones de la página 18 y repite el proceso, sumergiendo en la tina la parte de la tela sin teñir y dejando que el tinte actúe 15 minutos. Luego, saca el tejido del baño, acláralo con agua fría, retira las mordazas y vuelve a aclararlo hasta que el agua salga limpia.

# 2 Rayas sobre tejidos coloreados

**Esta técnica permite añadir rayas a telas ya coloreadas a tu gusto.**

Escoge un tejido de color claro y colócalo sobre una superficie plana para plancharlo. Con una regla y un jaboncillo de sastre, traza en él líneas a intervalos de 10 cm, dóblalas con pliegues en acordeón y vuelve a planchar. Fíjalo con mordazas.

Pon el tejido en remojo en un cubo con agua durante 10 minutos. Mientras, prepara un tinte reactivo disolviéndolo en una pequeña cantidad de agua caliente y añádelo a una olla que contenga 2 l de agua. Aparte, disuelve sal y ceniza de sosa y echa la solución en la olla. A continuación, vierte el baño de tinte en una tina poco profunda. Saca la pieza del cubo y elimina el exceso de agua con una toalla. Coge el tejido por las mordazas y sumerge el borde de los pliegues en la tina (recuerda que la anchura final de la raya al desplegar el tejido será el doble que la sumergida en el baño). Deja que el tinte actúe 30 minutos.

Una vez finalizado el proceso de tinción, saca el tejido de la tina cuidando de no manchar con tinte el área sin teñir. Acláralo con agua fría, retira las mordazas y vuelve a aclararlo hasta que el agua salga limpia.

# 3 Rayas mediante reserva por atado

**Este es un método extremadamente sencillo para crear rayas abstractas con mucha textura.**

Extiende el tejido sobre una superficie plana. Colocando ambas manos en los extremos, frúncelo haciendo pequeños pliegues irregulares de tipo acordeón. Luego, átalo apretándolo con fuerza con gomas elásticas dispuestas a intervalos de 7,5 cm.

Pon la tela en remojo en un cubo con agua durante 10 minutos. Mientras, prepara un tinte reactivo disolviendo el colorante en un poco de agua caliente y agrégalo a una tina que contenga 2 l de agua. Aparte, disuelve sal y ceniza de sosa en agua caliente y añádelas también a la tina.

Sumerge la pieza atada en el baño de tinte y deja que este actúe 30 minutos. Después, sácala de la tina, aclárala con agua fría, retira las gomas y vuelve a aclararla hasta que el agua salga limpia. Observa que las líneas más marcadas coinciden con la situación de las reservas y que en las zonas donde el tejido solo estaba fruncido, pero no atado, las líneas son más suaves.

# Proyecto: Sarong a rayas

Aléjate de las rayas rectas básicas y da un toque lúdico a esta inusual pieza en rosa intenso. Con tan solo uno o dos pliegues adicionales transformarás una simple tira de algodón en una pieza digna de unas vacaciones en las Maldivas.

La belleza de las rayas reside en su simplicidad atemporal.

Dobla el sarong blanco o de color claro horizontalmente por la mitad; después, vuelve a doblarlo en sentido vertical.

Empezando por la esquina del centro doblado y con un ángulo de 45º, haz pliegues en acordeón de 10 cm de ancho hasta obtener una tira de tejido completamente plisada.

3 Fija uno de los lados de la tira con mordazas para evitar que los pliegues se deshagan y pon el tejido en remojo en un cubo con agua. Transcurridos 10 minutos, extráelo y elimina el exceso de agua con una toalla.

Prepara un tinte reactivo disolviendo el colorante en suficiente agua caliente para obtener una solución y añádela a una olla que contenga 2 l de agua. Aparte, disuelve sal y ceniza de sosa en agua caliente e incorpóralas también a la olla (para las cantidades, véanse las instrucciones para tintes reactivos de la página 18).

Vierte 6 cm de la solución de tinte en una tina poco profunda pero lo bastante grande para que quepa la tira de tejido plisado en toda su longitud.

Sujetando la tira por las mordazas, sumerge uno de sus bordes en el baño de tinte y deja que este actúe durante 1 hora.

Con cuidado, saca el tejido del baño de tinte, asegurándote de no manchar el área sin teñir, y acláralo con agua fría siempre en dirección opuesta a esta. Retira las mordazas y aclara de nuevo hasta que el agua salga limpia.

## El plisado y el remojo previo

Al crear rayas mediante reserva por plegado, es aconsejable comprobar que el tinte penetra adecuadamente entre los pliegues. Si la pieza no ha sido convenientemente remojada antes de comenzar la tinción, algunas zonas del tejido podrían estar secas, por lo que el aspecto de las rayas sería desigual.

El remojo previo es un paso crucial en el proceso de tintura, ya que contribuye a que el tinte se distribuya de manera uniforme y evita que aparezcan manchas irregulares. Dado que los tejidos encogen al mojarse, es recomendable poner en remojo las piezas atadas antes de teñirlas, pues esto permitirá comprobar la tensión de las reservas. Si las ligaduras se han aflojado, es mejor advertirlo en la fase de remojo que una vez completado el proceso de tinción.

4

# Itajime
## Estampación con plantillas

El itajime, una de las técnicas más apasionantes y versátiles del shibori, utiliza plantillas de formas diversas a modo de reserva. Haciendo pliegues en el tejido y fijando las reservas mediante mordazas, podrás crear estampados tan intrincados como desees.

Para el shibori mediante reserva con plantillas se utilizan dos piezas de forma plana que compriman el tejido, colocado entre ambas, para crear una reserva en el mismo. Estas piezas deben quedar bien sujetas con mordazas, gomas elásticas o cordel. El método empleado para sujetar las piezas determinará el efecto obtenido entre los motivos creados por las reservas: las mordazas dejarán un espacio en blanco, mientras que las gomas elásticas o el cordel generarán otra reserva en forma de delicadas líneas que conferirán una textura adicional a la pieza.

La belleza del itajime radica en que puedes planificar tu diseño. En función del resultado que desees, puedes optar por una pieza estructurada y geométrica, de delicadas líneas, o por una pieza artística, con pliegues al azar y múltiples texturas formadas por tintes difuminados. En esta técnica es muy importante tener en cuenta la elección del tejido, porque si es demasiado grueso, las reservas no ejercerán presión suficiente para impedir que el tinte penetre en ellas.

El shibori itajime se basa en doblar el tejido hacia dentro y hacia fuera, creando pliegues semejantes a un acordeón, un tipo de pliegue que permite que la cara externa del tejido siempre quede expuesta (en contraposición con un tejido doblado sobre sí mismo), garantizando así una penetración homogénea del tinte. Este plegado da como resultado un tipo de estampado en el que la anchura del pliegue determina la separación entre los motivos creados por las reservas.

5

## Material necesario

Guantes de goma (1)

Mascarilla de papel

Cuchara (2)

Tinte reactivo (3)

Tina para tintura

Plancha

Tejido de fibras naturales blanco o de color claro (4)

Dos plantillas iguales para las reservas (5)

Mordazas, gomas elásticas o cordel (6)

Cubo para remojo

Tenazas para sacar el tejido del baño de tinte (7)

Sal

Ceniza de sosa

**2**

**4**

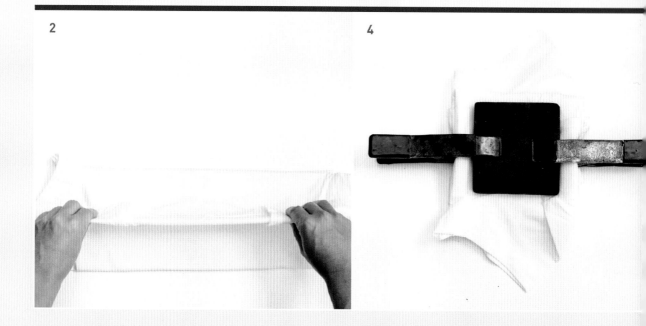

# Cómo realizar un estampado
# mediante reserva por plantillas

**1** Plancha el tejido. En este ejemplo, se utiliza una camiseta de algodón (véase también el proyecto con camiseta de las páginas 82-83).

**2** Comienza doblando la camiseta en sentido horizontal. La anchura de los pliegues vendrá dada por el tamaño de las plantillas que hayas elegido como reserva y determinará la distancia entre los motivos geométricos.

**3** Repite el mismo tipo de plisado en sentido vertical para obtener una pieza de forma cuadrada.

**4** Coloca el tejido entre las plantillas, asegurándote de que queden perfectamente alineadas para que creen una reserva, y sujétalas en su sitio con mordazas, cordel o gomas elásticas.

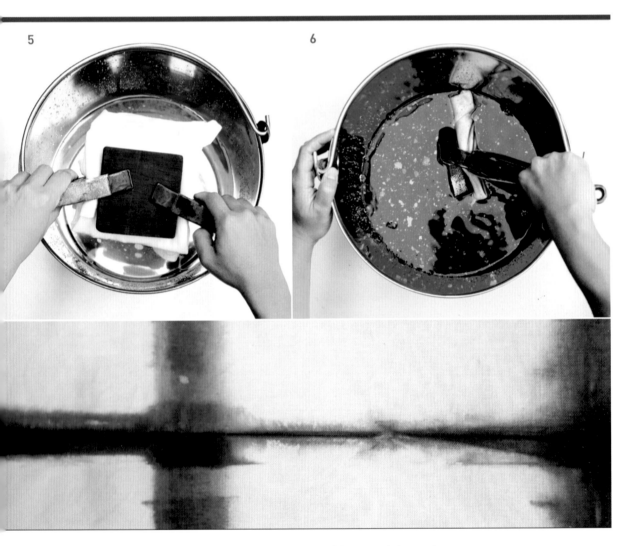

**5** Pon la camiseta en remojo en un cubo con agua durante varios minutos; debe quedar completamente mojada. Con este paso las fibras del tejido se saturan, con lo que se obtiene una tinción más uniforme y se evita, al mismo tiempo, que el tinte penetre las reservas.

NOTA: en esta fase del proceso es conveniente que te asegures de que las mordazas o las gomas elásticas ejercen suficiente presión sobre las plantillas, ya que los tejidos se encogen al mojarlos.

**6** Prepara un tinte reactivo disolviendo el colorante en suficiente agua templada como para obtener una solución y agrégala a una olla que contenga 2 l de agua. Aparte, disuelve sal y ceniza de sosa en agua caliente e incorpóralas a la olla (para las cantidades, véanse las instrucciones para tintes reactivos de la página 18). Coloca la prenda mojada en la olla de tintura de forma que quede completamente sumergida en el tinte.

**7** Deja que el tinte actúe 15 minutos, removiéndolo de vez en cuando.

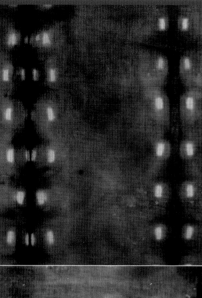

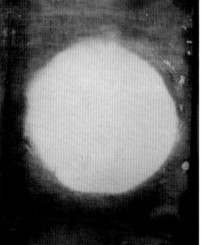

## 1 Itajime con pinzas

Esta es una versión moderna de la reserva por plantillas muy sencilla de realizar; te bastarán unas pinzas para tender la ropa y obtendrás resultados sorprendentes. Aquí se ejemplifica con una pieza de algodón ligero teñido con índigo.

Dobla el tejido en sentido horizontal, haciendo pliegues de unos 10 cm de anchura; después, dobla de nuevo el tejido en sentido vertical, también con pliegues de unos 10 cm de anchura, hasta obtener una forma cuadrada. Coloca tantas pinzas como desees a ambos lados de la pieza; aquí se han utilizado solo algunas para darle un aspecto sencillo, elegante y de inspiración japonesa.

Pon el tejido en remojo en agua tibia durante 5 minutos. Mientras, prepara un baño de tinte índigo sintético siguiendo las instrucciones de la página 18. Con cuidado, sumerge la pieza en la tina de índigo y deja que el tinte actúe 15 minutos sin remover el agua. Después, sácala y deja que se oxide otros 15 minutos.

Aclara la pieza a fondo para eliminar los residuos de tinte, retira las pinzas y despliega el tejido. Luego, lávalo con líquido lavavajillas.

## 2 Estampado por reserva con plantillas circulares

Puedes crear tus propias plantillas en forma de círculo o, simplemente, utilizar tapas de tarros de vidrio.

El tamaño del pliegue, así como la distancia entre los motivos circulares, vendrá determinado por el diámetro de las plantillas de reserva. En este ejemplo, en una pieza de algodón de bajo gramaje de 50 cm de ancho, se han realizado pliegues de 12 cm de anchura y se han utilizado tapas de tarros de 10 cm de diámetro.

Comienza por doblar el tejido en sentido horizontal; después, repite el proceso en sentido vertical hasta obtener una pieza de forma cuadrada. Colócala entre dos tapas iguales de 10 cm de diámetro, que fijarás con mordazas. Pon el tejido en remojo durante 5 minutos en agua templada y prepara un baño de índigo sintético siguiendo las instrucciones de la página 18. Con cuidado, sumerge la pieza en el baño y déjala reposar 15 minutos sin remover el tinte. Después, sácala y deja que se oxide otros 15 minutos.

Aclara bien la pieza con agua antes de retirar las reservas circulares para eliminar el tinte residual, retira las tapas y despliega el tejido. Finalmente, lávalo con líquido lavavajillas.

## 3 Estampado por reserva con plantillas triangulares

Este estampado geométrico es muy llamativo y su elaboración resulta muy divertida. Necesitarás dos plantillas triangulares planas para crear la reserva.

Dobla el tejido en sentido horizontal, haciendo pliegues de unos 10 cm de anchura. Después, en lugar de doblar el tejido en sentido vertical, pliégalo imitando la forma de las plantillas triangulares que utilizas como reserva; es decir, doblándolo hacia delante y hacia atrás siguiendo la línea de las plantillas, como si estuvieses haciendo samosas (véase el diagrama de la página 22).

Coloca el tejido entre las plantillas; los triángulos deben ser idénticos y tener unos 10 cm de base. Fija las reservas con mordazas y pon la pieza en remojo en agua templada durante 5 minutos. Mientras, prepara un baño de tinte índigo sintético siguiendo las instrucciones de la página 18. Con cuidado, sumerge el tejido en la tina de tintura y deja que el tinte actúe durante 15 minutos sin remover el agua. Sácalo de la tina y deja que se oxide otros 15 minutos.

Aclara la pieza a fondo antes de retirar las reservas triangulares para eliminar los residuos de tinte, retira las mordazas y desdobla el tejido. Para finalizar, lávalo con líquido lavavajillas.

# Proyecto: Camiseta con motivos en forma de ventana inglesa

Esta camiseta ha sido estampada con tinte índigo, que da excelentes resultados con las reservas con plantilla, ya que se trata de un tinte de superficie (es decir, solo penetra en la superficie de la fibra).

Al doblar la camiseta, se han excluido las mangas; de este modo adquirirán un color azul liso. Además, se han utilizado reservas de gran tamaño para reducir en la medida de lo posible el proceso de plegado ya que, con el delantero y la espalda de la camiseta, el grosor de la pieza a teñir es notable.

1 Dobla la camiseta en sentido horizontal, haciendo pliegues de unos 14 cm de ancho.

2 Pliega nuevamente la prenda en sentido vertical, también con pliegues de 14 cm de anchura, hasta obtener una pieza de forma cuadrada.

3 Coloca la camiseta entre las plantillas de reserva, que deben tener una forma cuadrada idéntica y unas dimensiones de 12 cm de lado. Fija las reservas con mordazas, dejando las mangas libres.

4 Prepara un baño de tinte índigo sintético según las instrucciones de la página 18. Luego, sumerge la camiseta en la tina y deja que el tinte actúe 15 minutos.

5 Saca la camiseta de la tina y deja que el tinte se oxide durante otros 15 minutos.

6 Aclara la camiseta con agua abundante antes de retirar las reservas cuadradas para eliminar los residuos de tinte, luego retira las plantillas y desdobla la pieza.

7 Lava la camiseta con líquido lavavajillas y aclárala hasta que el agua salga limpia; después, tiéndela al aire libre para que se seque.

## El tinte índigo

El índigo es un tinte natural célebre por su distintivo color azul. Suele emplearse, principalmente, para teñir pantalones tejanos. Pertenece a la familia de tintes conocidos como colorantes de tina y no es soluble en agua; para hacerlo soluble, se debe someter a procesos químicos. Las piezas teñidas con índigo presentan siempre un color verdoso al extraerlas de la tina; adquirirán su característica tonalidad azul tras unos minutos de exposición al aire. A este proceso se le conoce como oxidación, una reacción química que se produce al entrar en contacto con el oxígeno presente en el aire. Aunque es más laborioso preparar un baño de índigo que de otros tintes, el esfuerzo merece la pena, ya que el resultado es único. Los tejidos teñidos con índigo deben lavarse con líquido lavavajillas para prevenir la pérdida de color.

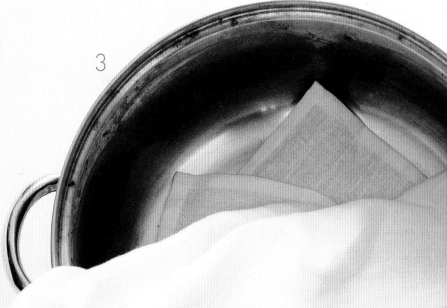

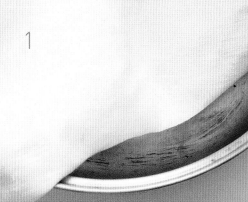

# Estampación por arrugado

En ocasiones, la técnica más sencilla es la más efectiva. En la tinción mediante reserva por arrugado, el tejido se frunce o se arruga al azar y se ata antes de teñirlo. El resultado es un estampado aleatorio y abstracto, que revela líneas en forma de rama.

En la estampación mediante reserva por arrugado, la cantidad de motivos o de texturas en la pieza terminada estará relacionada con la tensión de las ligaduras. Si están demasiado apretadas, el color apenas podrá penetrar en el tejido, con lo que el estampado tendrá pocos motivos; si, por el contrario, las aprietas poco, el tinte impregnará el tejido, creando un efecto de escasa textura. La tensión de las gomas elásticas o del cordel determinará el diseño y la delicada impronta de las reservas por atado.

La belleza de esta técnica te permitirá zambullirte en lo desconocido, arrugar y atar el tejido aleatoriamente y, al retirar las ligaduras, revelar una intrincada sorpresa. A medida que aprendas a dominarla, podrás orientar tus diseños en la dirección deseada e influir en el resultado final.

La estampación mediante reserva por arrugado tiene amplias aplicaciones en el mundo de la moda, pues resulta sencillo utilizarla en prendas inusuales, difíciles de plisar o plegar.

La estética de las arrugas irá de los efectos suaves y sutiles a los acentuados e impactantes. Si el resultado no te convence, puedes volver a iniciar el proceso: comienza con arrugas suaves y vete añadiendo capas si tienes dudas del efecto que buscas. En cualquier caso, ten en cuenta que esta técnica puede producir resultados inesperados que ni siquiera te habías propuesto alcanzar. Por último, recuerda que la belleza de este shibori no será evidente hasta que no planches el tejido.

La estampación mediante reserva por arrugado puede realizarse en uno o varios colores. En caso de utilizar tintes reactivos, puedes optar por alguna de las técnicas de tinción localizada que aparecen en las páginas 108 a 113. Al aplicar colorantes sobre partes del tejido arrugado obtendrás estallidos aleatorios de color, y si lo haces de manera sutil, la pieza resultante presentará un carácter singular. Utilizar índigo es particularmente interesante, ya que dará como resultado diferentes tonalidades que se sumarán a la aleatoriedad del estampado.

## Material necesario

Algodón o tejido de
fibras naturales (1)

Gomas elásticas
o cordel (2)

Cubo para remojar
el tejido

Toalla

Mascarilla de papel

Guantes de goma

Tina para tintura (3)

Tinte reactivo (4)

Sal

Ceniza de sosa

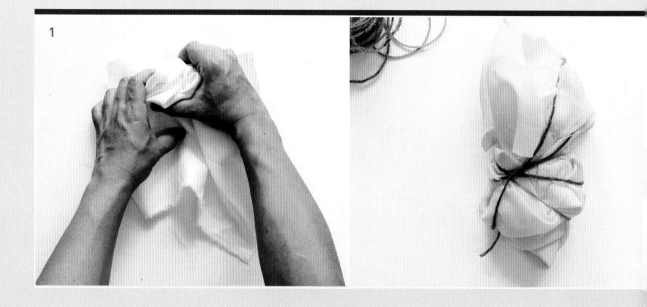

# Cómo realizar un estampado mediante reserva por arrugado

**1** Arruga el tejido al azar hasta formar un hato.

**2** Fija cada una de las partes arrugadas con gomas elásticas o cordel.

**3** Pon el tejido en remojo en un cubo con agua. Transcurridos 15 minutos, extráelo y elimina el exceso de agua con una toalla.

**4** Comprueba que las gomas elásticas o el cordel tengan la tensión suficiente para impedir la penetración del tinte, ya que el tejido tiende a encoger al ponerlo en remojo.

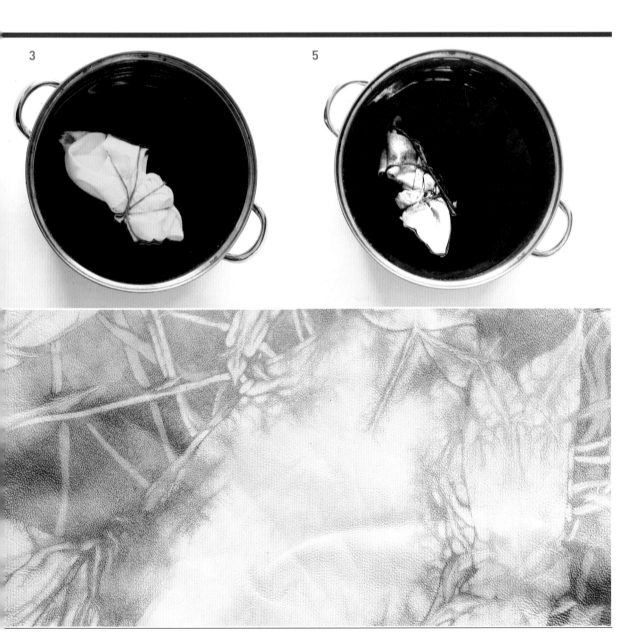

**5** Llena la tina para tintura con 15 l de agua templada por cada 500 g de tejido seco. Prepara un tinte reactivo, disolviendo el colorante en una pequeña cantidad de agua templada, y añádelo a la tina. Aparte, disuelve sal y ceniza de sosa en agua caliente y agrega la solución a la tina.

**6** Deja que el tinte actúe durante 20 minutos, aproximadamente.

**7** Una vez finalizado el proceso de tinción, saca la tela de la tina, aclárala con agua fría y retira las ligaduras. Luego, vuelve a aclararla hasta que el agua salga limpia.

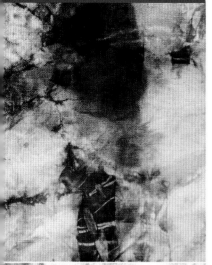

# 1 Estampado por arrugado con dos tintes

**Aplica dos colores para conferir a la pieza profundidad y riqueza de matices.**

Haz un hato con el tejido arrugándolo al azar. Átalo con gomas elásticas o cordel y ponlo en remojo en un cubo con agua durante 15 minutos. Después, saca la pieza del cubo, elimina el exceso de agua con una toalla y comprueba que las gomas o el cordel tengan la tensión suficiente como para evitar la penetración del tinte, en caso de que el tejido hubiese encogido.

Llena una tina para tintura con 2 l de agua por cada 100 g de tejido seco. Prepara el tinte más claro disolviéndolo en una pequeña cantidad de agua hirviendo y añádelo a la tina. Aparte, disuelve sal y ceniza de sosa y agrégalas también a la tina. Sumerge el tejido en el baño de color durante 20 minutos. Aclara la pieza en agua fría sin desatar las reservas y, luego, retira las ligaduras. A continuación, vuelve a arrugar el tejido y átalo de nuevo con gomas elásticas o cordel. Como hiciste con el color más claro, prepara la mezcla para obtener el tinte más oscuro y añádelo a una segunda tina. Aparte, disuelve ceniza de sosa y sal e incorpóralas a la tina. Sumerge la pieza y deja que el tinte actúe durante 15 minutos. Luego, sácala de la tina, desata las ligaduras y aclárala bien en agua fría.

# 2 Estampado por arrugado con tinte índigo

**La técnica del arrugado permite que el índigo se exprese plenamente creando espectaculares estampados sobre el tejido**

Haz un hato con la tela, arrugándola de forma aleatoria, y átala con gomas elásticas o cordel. Ponla en remojo en un cubo con agua. Transcurridos 15 minutos, sácala del cubo, elimina el exceso de agua con una toalla y comprueba que las gomas elásticas o el cordel tengan la tensión suficiente como para impedir la penetración del tinte, pues si el tejido ha encogido y puedes deslizar los dedos por debajo de las gomas o del cordel, la tensión de las reservas no es la adecuada.

Prepara un baño de tinte índigo sintético según las instrucciones de la página 18. Sumerge la pieza en la tina de índigo 15 minutos; después, sácala y deja que se oxide otros 15 minutos.

Aclara el tejido, aún atado, en agua fría hasta que esta salga limpia; después, deshaz las ligaduras y aclara de nuevo.

# 3 Estampado con arrugado posicionado

**Al utilizar la técnica del arrugado en determinadas áreas del tejido previamente seleccionadas conseguirás un efecto espectacular.**

Selecciona una zona del tejido o de la prenda ya confeccionada y arrúgala al azar, formando un rebujo que atarás con gomas elásticas o cordel. Pon la pieza en remojo en un cubo con agua durante 15 minutos. Si deseas que las zonas no atadas conserven el color blanco o el color original de la pieza, protégelas con una bolsa de plástico y déjalas colgando fuera de la tina de tintura.

Llena la tina con 2 l de agua por cada 100 g de tejido seco. Prepara el tinte disolviéndolo en un poco de agua hirviendo y añádelo a la tina. Aparte, disuelve sal y ceniza de sosa en agua caliente e incorpóralas a la tina. Saca la pieza del remojo, elimina el exceso de agua con una toalla y sumérgela en el baño de tinte durante 30 minutos, aproximadamente.

Después, sácala de la tina y aclárala con agua fría, sin desatarla, hasta que el agua salga limpia. Luego, deshaz las ligaduras y aclara el tejido nuevamente.

# Proyecto:
# Mantel con tinte índigo

Puedes conseguir texturas, tonos espectaculares y líneas de gran belleza en piezas de gran tamaño, como, por ejemplo, un mantel. Dos niveles de arrugado le confieren profundidad y le añaden capas de tonalidades creadas por matices de un mismo color.

Comprueba siempre la tensión de las gomas elásticas o del cordel empleado, ya que, si no están suficiente tensos, el tinte penetrará excesivamente y el arrugado perderá definición.

1 Haz arrugas en diferentes áreas del mantel, formando rebujos que atarás firmemente con gomas elásticas o cordel. Deja parte del tejido sin atar; así podrás volver a arrugarlo cuando desees añadir otra capa o tono.

2 Pon el mantel en remojo durante 20 minutos en un cubo con agua.

3 Prepara un baño de índigo sintético siguiendo las instrucciones de la página 18.

4 Saca el mantel atado del remojo, elimina el exceso de agua con una toalla y, con cuidado, introdúcelo en el baño de índigo. Deja que el tinte actúe 15 minutos sin remover el agua.

5 Transcurrido este tiempo, extrae el mantel del baño de índigo, colócalo en un cubo y deja que se oxide durante 15 minutos. La tonalidad del mantel pasará de verde a azul.

6 Aclaralo luego en agua corriente sin desatar las ligaduras. Alrededor de las zonas atadas, haz de nuevo rebujos con el tejido que dejaste sin atar en el paso 1, sujetándolos firmemente con gomas elásticas. La pieza resultante será ahora más pequeña.

7 Vuelve a introducir el mantel en la tina de índigo. Transcurridos 15 minutos, sácalo de la tina y deja que se oxide en un cubo durante otros 15 minutos.

8 Aclara la pieza en agua fría, sin desatarla, hasta que el agua salga limpia. Luego, retira las ligaduras, aclara el mantel de nuevo y lávalo con líquido lavavajillas.

## Consejos para la estampación por arrugado

El arrugado es una técnica idónea para piezas de gran tamaño o volumen, ya que no requiere realizar pliegues ni pespuntes.

El índigo es un tinte de superficie que permite crear capas de color. Alcanza una intensidad óptima cuando la pieza permanece 20 minutos sumergida en la tina. Sin embargo, si la sacas un rato y dejas que se oxide antes de introducirla de nuevo en la tina, conseguirás estratos de color que darán al tejido tonalidades más intensas.

Aunque esta técnica de tinción en dos tonos puede realizarse con cualquier color, obtendrás un resultado llamativo si empleas una gama de colores neutros, como el negro y el gris.

# Yanagi
# Estampado en forma de sauce

El yanagi, que en japonés significa 'sauce', crea delicadas líneas que emulan la silueta de los sauces. Esta técnica utiliza dos tipos de reserva, el plisado y el atado, para formar una combinación de motivos estampados.

3

4

En la técnica del yanagi, el tejido se dobla formando pliegues rectos antes de ser envuelto en torno a una soga utilizando un cordel. El asombroso aspecto de la pieza acabada parece un collage tonal de formas cuadrangulares formadas por la unión del cordel y la soga. No obstante, si se examina la pieza más detenidamente, se aprecian la delicadeza de las reservas y las sutiles discrepancias y los movimientos que revelan las líneas creadas por la ligadura.

El pliegue recto es el más común de los utilizados en confección textil. Consiste en un doblez simple en el que el tejido se pliega en una única dirección, como si formase escalones. En el yanagi, este pliegue se utiliza para proteger una de las capas del tejido de la exposición al tinte, dejando solo expuesta la superior. Después, el tejido se envuelve y se ata alrededor de una soga, que nos proporciona una base flexible que se adapta a las dimensiones de la tina para tintura. La soga también puede enrollarse sobre sí misma, como una serpiente, lo que añadirá a la pieza un nivel de textura adicional. El tejido se fija en torno a la soga atándolo con cordel a intervalos regulares o aleatorios, dependiendo del gusto personal. El grosor del cordel también influye en el resultado final, ya que puede generar líneas gruesas y pesadas o trazos delicados.

El yanagi es una técnica avanzada, indicada para personas pacientes y precisas que deseen ver el esfuerzo de su trabajo plasmado en los detalles del tejido. El artista puede elegir libremente los materiales y el tipo y tamaño de los pliegues, así como el grosor del cordel, la técnica de atado, la tonalidad del tinte y la ubicación del color en la pieza. Modificando estas variables, el yanagi se convierte en una inagotable fuente de sorpresas para su creador.

# Material necesario

Plancha

Una pieza de tejido de algodón o de fibras naturales de 30 x 50 cm, aproximadamente (1)

*NOTA*: La anchura del tejido estará determinada por el diámetro de la soga. Lo ideal es que el tejido plisado envuelva la soga sin superponerse, para evitar dobles imágenes o el enmascaramiento del estampado.

Una soga gruesa de unos 55 cm de longitud y 4,5 cm de diámetro, aproximadamente (2)

Gomas elásticas

Hilo sintético (3)

Cubo para remojo

Mascarilla de papel

Guantes de goma (4)

Toalla

Tina para tintura

Tinte reactivo (5)

Sal

Ceniza de sosa

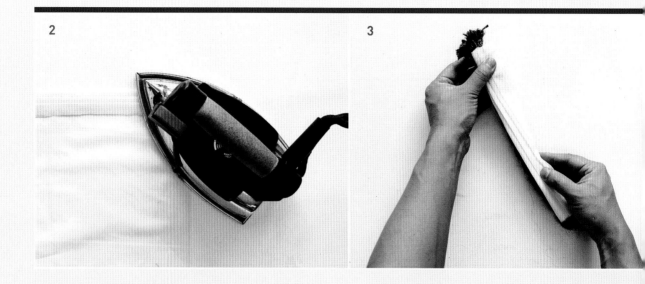

2

3

# Cómo realizar un estampado yanagi

**1** Plancha el tejido y colócalo sobre una superficie firme.

**2** Dobla la tela haciendo pliegues de 1 cm de ancho y fíjalos con la plancha. Es importante que todos los pliegues estén en la misma dirección. Puedes marcar la distancia entre ellos con un jaboncillo de sastre, aunque la naturaleza orgánica de este diseño se presta a utilizar pliegues de anchura irregular.

**3** Coloca la pieza sobre la soga en sentido longitudinal.

**4** Fija los extremos de la tela plisada a los de la soga con gomas elásticas.

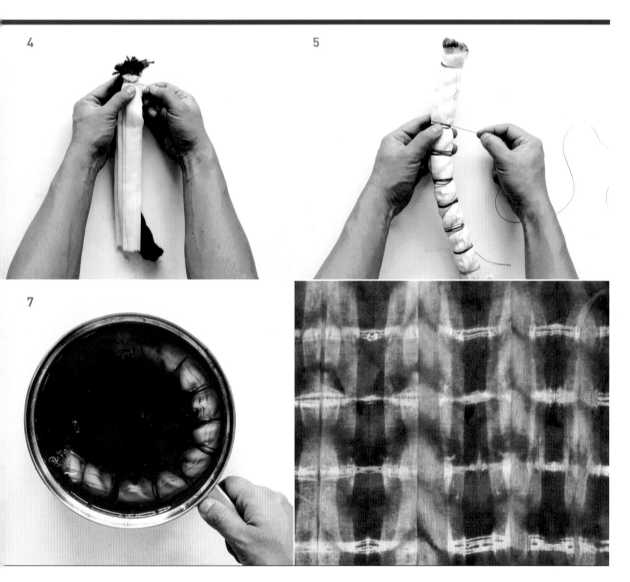

**4**

**5**

**7**

**5** Ata el hilo sintético en el extremo superior de la soga de forma que quede bien sujeto y enróllalo firmemente y a intervalos aleatorios alrededor de la soga cubierta por el tejido. Sigue enrollando el hilo en sentido descendente y átalo fuerte al extremo inferior de la soga.

**6** Pon el tejido en remojo en un cubo con agua. Transcurridos 15 minutos, sácalo y elimina el exceso de agua con una toalla.

**7** Prepara un tinte reactivo disolviéndolo en suficiente agua caliente para obtener una solución y añádela a una olla para tintura que contenga 2 l de agua. Aparte, disuelve sal y ceniza de sosa y agrégalas a la olla (para las cantidades, véanse las instrucciones para tintes reactivos de la página 18). Deja que el tinte actúe durante 20 minutos, removiéndolo a intervalos regulares.

**8** Una vez finalizado el proceso de tinción, saca el tejido de la olla, acláralo con agua fría y retira las ligaduras. Después, vuelve a aclarar el tejido hasta que el agua salga limpia.

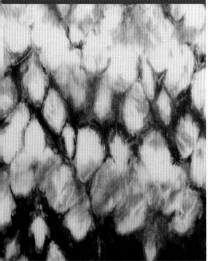

# 1 Yanagi en forma de panal de abeja

Este bello, sorprendente, sencillo y llamativo estampado es tan delicioso como un auténtico panal de miel.

Dispon el tejido sobre una superficie plana y coloca un trozo de cuerda horizontalmente sobre su extremo inferior, asegurándote de que la cuerda sobresalga 2,5 cm por cada lado. Enrolla la tela alrededor de la cuerda sin apretar, de modo que forme una especie de manga holgada. Ata los dos extremos de la cuerda con un nudo resistente, el tejido quedará fruncido y arrugado y parecerá un coletero de tela.

Pon la pieza en remojo en un cubo con agua 20 minutos. Mientras tanto, prepara un baño de índigo sintético siguiendo las instrucciones de la página 18. Extrae la tela del cubo, elimina el exceso de agua con una toalla y sumérgela en la tina de índigo unos 15 minutos, aproximadamente.

Luego, sácala y deja que se oxide durante 15 minutos. Para terminar, aclárala en agua fría hasta que el agua salga limpia, desata las ligaduras y vuelve a aclarar.

# 2 Yanagi en diagonal

Jugando con los elementos de diseño obtendrás un yanagi clásico orientado en un sentido diferente.

Pon el tejido sobre una superficie plana y plánchalo para eliminar posibles arrugas. Luego, dóblalo haciendo pliegues rectos de 1 cm de anchura y fíjalos con la plancha. Envuelve la tela plisada alrededor de la soga en sentido longitudinal y asegura los extremos con gomas elásticas, según la técnica habitual del yanagi (véanse las páginas 94 y 95). Ata cordel sintético en el extremo superior de la soga fijándolo mediante un nudo y enróllalo firmemente alrededor de la soga cubierta con el tejido a intervalos aleatorios. Sigue enrollando el cordel hasta alcanzar el extremo inferior de la soga y vuelve a asegurarlo con un nudo resistente.

Pon el tejido en remojo durante 15 minutos y prepara un baño de índigo sintético siguiendo las instrucciones de la página 18. Saca la pieza del cubo, elimina el exceso de agua y sumérgela en la tina de tintura unos 10 minutos, aproximadamente.

Tras la exposición, sácala de la tina y deja que se oxide 15 minutos. Luego aclara en agua fría hasta que esta salga limpia, desata la pieza y vuelve a aclarar.

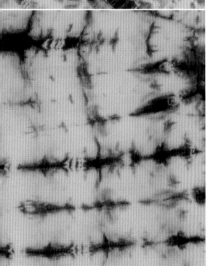

# 3 Yanagi por compresión

Combinando las técnicas del arashi y del yanagi conseguirás un estampado con delicados detalles y variaciones tonales.

Coloca el tejido sobre una superficie plana y plánchalo. Dóblalo con pliegues rectos de 1 cm de anchura, que fijarás con la plancha. Envuelve la pieza plisada alrededor de la soga, en sentido longitudinal, y asegura los extremos con gomas elásticas, según la técnica estándar del yanagi (véanse las páginas 94 y 95). Pon gomas elásticas a lo largo de la soga a intervalos aleatorios, comprimiendo el tejido hacia uno de los extremos de esta y fijándolo a medida que avanzas.

Pon la pieza en remojo 15 minutos y, mientras, prepara un baño de índigo sintético siguiendo las instrucciones de la página 18. Sácala del remojo, elimina el exceso de agua con una toalla y sumérgela en el baño de tinte durante 15 minutos, aproximadamente.

Saca el tejido de la tina y deja que se oxide durante 15 minutos. Aclara la pieza, aún atada, en agua fría hasta que el agua salga limpia y, luego, desátala y aclárala de nuevo.

# Proyecto: Delantal con estampado yanagi

Decorar un viejo delantal manchado con la técnica del yanagi es muy fácil. Cuando uses tu pieza renovada, su tupido estampado te inspirará tus proyectos creativos.

Aunque los motivos yanagi tradicionales son finos y delicados, puedes modificar el tamaño de los pliegues y los dobleces para adaptar la técnica a la forma de una pieza ya confeccionada.

**1** Extiende el delantal sobre una superficie plana y plánchalo para eliminar posibles arrugas.

**2** Dobla el delantal haciendo pliegues rectos y fíjalos con la plancha.

**3** Enrolla el tejido plisado alrededor de la soga, en sentido longitudinal, y fíjalo a los extremos mediante gomas elásticas.

**4** Ata cordel sintético en el extremo superior de la soga, asegurándolo con un nudo, y enróllalo firmemente alrededor de la soga cubierta por el tejido a intervalos aleatorios.

**5** Sigue enrollando el cordel a lo largo de la soga hasta el extremo inferior de la misma y átalo a él mediante un nudo resistente.

**6** Pon la pieza en remojo durante 30 minutos en un cubo con agua.

**7** Prepara un baño de índigo sintético siguiendo las instrucciones de la página 18.

**8** Extrae la pieza del cubo y elimina el exceso de agua con una toalla. Luego sumérgela en el baño de índigo durante 15 minutos, aproximadamente.

**9** Con cuidado, sácala de la tina y deja que el tinte se oxide durante 15 minutos.

**10** Aclárala, sin desatarla, en agua fría hasta que el agua salga limpia. Deshaz las ligaduras, vuélvela a aclarar y lávala con líquido lavavajillas.

## El yanagi tradicional

En el yanagi japonés tradicional, el tejido se frunce a mano con diminutos pliegues antes de atarlo alrededor de la soga. Este plisado aleatorio manual es el que forma las características líneas que semejan un sauce. Aquí, sin embargo, se ha utilizado una plancha para fijar los pliegues, a fin de que la técnica resulte menos dificultosa para los principiantes.

# Estampación por corrosión

La estampación por corrosión o decoloración consiste en eliminar color. Esta técnica, inversa a la mayoría de los procesos de tinción, es muy interesante, ya que permite obtener del shibori un resultado completamente distinto.

En el proceso de decoloración el tejido se ata siguiendo cualquiera de las técnicas vistas hasta ahora, pero después, en lugar de utilizar tinte, se sumerge en un baño decolorante. El resultado es el negativo de la imagen que hubieses conseguido al realizar un baño de tinte, ya que la reserva por atado protegerá el color y el tejido expuesto se decolorará.

Los tejidos de fibras celulósicas son los más comúnmente utilizados en la estampación por corrosión, aunque también puedes usar cualquier tejido de fibras naturales previamente teñido. Para esta técnica puedes emplear lejía de uso doméstico o decolorantes en pasta. La lejía degrada las fibras, por lo que el proceso de decoloración deberá ralentizarse para minimizar el riesgo de deterioro del tejido. Las pastas decolorantes, aunque son más difíciles de encontrar en el mercado y su aplicación es más compleja, son considerablemente más versátiles por su consistencia pastosa y resultan menos agresivas. La concentración de lejía o de pasta decolorante también influye en el color y en la solidez del mismo una vez completado el proceso.

La decoloración se utiliza mucho en moda debido a la popularidad alcanzada por las prendas que adquieren un aspecto desgastado (en particular, los pantalones tejanos). El denim es un material idóneo para la decoloración, pues es un tejido resistente que se emplea para confeccionar ropa de trabajo y que puede ser singularizado con esta técnica.

El conocimiento del proceso de estampación por corrosión otorga al artista un mayor poder creativo, al no quedar limitado exclusivamente al uso de los colorantes.

Debido a la naturaleza peligrosa de las sustancias químicas que intervienen en ellos, es recomendable llevar a cabo los procesos de decoloración al aire libre.

## Material necesario

Plancha

Tejido de fibras naturales previamente teñido (1)

Dos plantillas iguales a modo de reserva (2)

Mordazas (3)

Cubo para remojo

Mascarilla de papel o máscara de gas

Guantes de goma

Cubo para decoloración

Lejía de uso doméstico (4)

Solución neutralizadora (véase la página 18)

2                                         3

# Cómo realizar una decoloración

**1** Plancha el tejido y colócalo sobre una superficie rígida.

**2** Dóblalo en sentido horizontal con pliegues en acordeón de 10 cm de anchura, primero en un sentido y después en el contrario. Si quieres mayor precisión, marca la distancia entre los pliegues con un jaboncillo de sastre.

**3** Repite el plisado en sentido vertical hasta obtener una pieza de forma cuadrada.

**4** Coloca el tejido entre dos plantillas de reserva iguales, alineándolas con precisión a ambos lados, y fíjalas con mordazas.

4

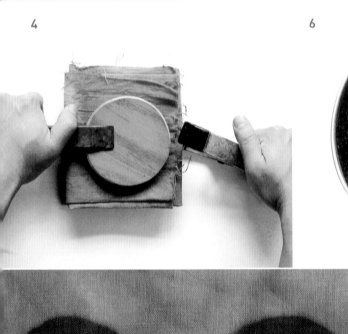

6

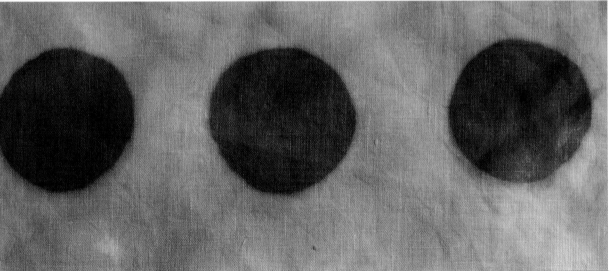

**5** Pon el tejido, sujeto con las mordazas, en remojo durante 20 minutos en un cubo con agua.

**6** Llena otro cubo con agua y añádele 250 ml de lejía. Sumerge la pieza, previamente remojada, en la solución.

**7** Deja que la tela se decolore durante unas 2 horas, removiendo la solución a intervalos regulares, hasta que alcance el tono deseado.

**8** Saca la pieza del cubo de lejía, retira las mordazas y aclárala bien con agua. Prepara una solución neutralizadora (a razón de 1 cucharada de metabisulfito de sodio por cada 10 l de agua) y deja en ella el tejido en remojo. Transcurridas 2 horas, saca la pieza y vuelve a aclararla.

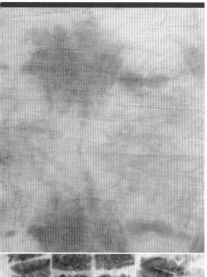

# 1 Decoloración con ceniza de sosa

Puedes utilizar ceniza de sosa como alternativa a la lejía. Resulta menos dañina para el tejido, su uso es más seguro y está indicada para tejidos teñidos a mano.

Dobla el tejido, previamente teñido, en sentido horizontal, haciendo pliegues en acordeón de 10 cm de anchura. Haz pliegues iguales en sentido vertical hasta obtener una pieza con forma cuadrada. Fija el tejido con gomas elásticas colocadas en sentido vertical y horizontal para crear reservas en forma de cruz.

Pon el tejido en remojo en un cubo con agua durante 20 minutos. Mientras, llena una olla usada con agua suficiente como para sumergir el tejido y permitir que se mueva con libertad, colócala sobre el fuego y, cuando el agua rompa a hervir, añádele 2 cucharadas soperas de ceniza de sosa por 1 l de agua. Saca la pieza del cubo de remojo y sumérgela en la olla, dejándola que hierva durante 1 ½ horas. Revisa el tejido a intervalos regulares hasta cerciorarte de que el color ha desaparecido.

Una vez decolorada, saca la pieza de la olla con unas tenazas, retira las gomas elásticas y, cuando se haya enfriado, lávala con agua y jabón lavavajillas frotando el tejido.

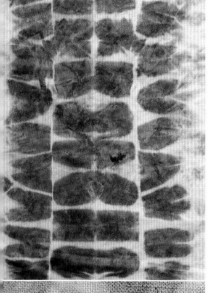

# 2 Decoloración con motivos cuadrangulares

Este es el proceso inverso al de la estampación de motivos cuadrangulares mediante reserva por cosido (véase la página 48). Es conveniente que utilices un tejido recio, como el dril de algodón, capaz de resistir el proceso de decoloración.

Extiende el tejido y plánchalo. Partiendo de su extremo, dóblalo 5 cm hacia delante y vuelve a plegarlo dos veces más manteniendo la misma anchura de doblez hasta crear cuatro capas de 5 cm de ancho; la tela sobrante sobresaldrá por el lateral. Plancha la pieza, gírala hacia un lado y dóblala con pliegues en acordeón en sentido longitudinal. Pasa una aguja enhebrada con doble hilo a través de los pliegues para fijar el plisado y haz un nudo al final del hilo para asegurarlo.

Pon la pieza en remojo en un cubo con agua durante 20 minutos. Mientras, en otro cubo prepara una solución de lejía a razón de 100 ml de lejía por cada 250 ml de agua. Saca el tejido del cubo de remojo, escurre el exceso de agua y mételo en la solución de lejía. Déjalo decolorar durante 2 horas.

Transcurrido este tiempo, saca la pieza del cubo con unas tenazas, aclárala a fondo y descose los pespuntes. Prepara una solución para neutralizar la lejía (a razón de 1 cucharada sopera de metabisulfito de sodio por cada 10 l de agua) e introduce en ella la pieza. Mantenla en remojo 2 horas y luego sácala y aclárala de nuevo.

# 3 Decoloración y estampación con triángulos itajime

Los motivos de este estampado remiten a las formas antiguas.

Para aplicar esta técnica, necesitas dos plantillas planas idénticas en forma de triángulo de 10 cm de lado para usar como reserva. El tejido utilizado en este ejemplo es una arpillera de color natural. Dóblalo primero en sentido horizontal haciendo pliegues de 10 cm de anchura, y después hacia delante y hacia atrás siguiendo la línea de tus plantillas triangulares.

Coloca el tejido entre ambas plantillas, fíjalas mediante mordazas y ponlo en remojo en agua templada 5 minutos. Después, extráelo e introdúcelo en un cubo con una solución de lejía (a razón de 100 ml de lejía por cada 250 ml de agua). Déjalo hasta que el color haya desaparecido. Saca la pieza del cubo, aclárala con agua y sumérgela en una solución neutralizadora (a razón de 1 cucharada sopera de metabisulfito de sodio por cada 10 l de agua). Retira las reservas y deshaz los pliegues triangulares, manteniendo los horizontales. Vuelve a doblar el tejido formando triángulos en dirección contraria a la anterior, colócalo de nuevo entre las plantillas y fíjalo con mordazas. Ahora prepara un tinte reactivo disolviendo el colorante en agua templada y viértelo en una tina llena de agua templada. Añádele sal y ceniza de sosa y sumerge en ella la pieza durante 30 minutos, aproximadamente. Transcurrido este tiempo, saca la pieza, aclárala, retira las mordazas y vuelve a aclararla.

# Proyecto: Funda de cojín en arpillera decolorada y teñida con degradado

La mezcla de texturas que se obtiene al jugar con el desgaste de un tejido como la arpillera confiere a las piezas un encanto rústico.

A partir del color natural de la arpillera, puedes conseguir un cojín versátil para exterior creando franjas por decoloración y añadiéndole color por tinción.

1 Pon la funda de cojín, ya confeccionada, en remojo en un cubo con agua durante 30 minutos.

2 Llena otro cubo con agua y añádele 250 ml de lejía de uso doméstico, removiendo bien la mezcla.

3 Sumerge dos tercios de la funda en la solución decolorante y coloca el resto de la pieza apoyada sobre la pared del cubo.

4 Deja que la funda se decolore durante 2 horas, removiendo la solución a intervalos regulares.

5 Con cuidado, extrae la funda del cubo y lávala a fondo con agua y líquido lavavajillas, asegurándote de que no queden restos de lejía.

6 Siguiendo las instrucciones de la página 18, prepara una tina de tinte reactivo de color rosa. Sumerge el tercio superior de la arpillera decolorada en la tina y deja que el baño actúe 30 minutos.

7 Con cuidado, saca la funda de la tina y aclárala bien con agua. Prepara una solución para neutralizar la lejía, a razón de 1 cucharada sopera de metabisulfito de sodio por cada 10 l de agua, y pon a remojar en ella la arpillera decolorada durante 2 horas. Después, sácala del cubo y vuelve a aclararla.

## Consejos para la decoloración

Si empleas lejía para decolorar una pieza, es importante que tengas en cuenta el tipo de tejido que vas a utilizar. Los tejidos resistentes y duraderos, como la arpillera o el denim, toleran mejor la lejía, con la que se pueden crear increíbles motivos y texturas que te invitarán a ir más allá y a seguir experimentando.

Pero si lo que quieres es decolorar seda u otro material delicado, tendrás que emplear algún tipo de pasta de estampar, un compuesto químico corrosivo que se activa mediante vapor. Puedes utilizarla para realizar estarcidos o para pintar sobre el tejido, o bien diluirla en agua y emplearla junto con la técnica del shibori para obtener imágenes en negativo sobre las piezas. En lugar de añadir color a las zonas del tejido sin atar, las reservas conservarán el color original del tejido, que desaparecerá en las áreas circundantes.

3

4

# Tinción localizada

Durante siglos, los artistas han usando una técnica
consistente en extender un tejido atado sobre una
superficie y verter tinte sobre algunas zonas para controlar
la aplicación del color. El proceso descrito a continuación
se denomina tinción localizada y es una versión
contemporánea de la técnica antigua, aunque no se
aplica necesariamente sobre tejido atado y se realiza
mediante rociado, chorros o salpicaduras de color. Esta
versión, fácil y divertida, resulta idónea para todo el mundo.

Realizar una tinción localizada puede consistir en algo tan
sencillo como extender una pieza de tejido sobre una
superficie y pellizcar varias zonas del mismo hasta formar
pequeños picos; al verter tinte sobre el tejido, los picos no
quedan cubiertos, lo que da lugar a gradaciones de tono.
Esta técnica permite utilizar diversos colores y juega con la
integración y la mezcla de los mismos.

La tinción localizada es un proceso parecido a la estampación
mediante reserva por arrugado (véanse las páginas 84 a 89)
pero carece de las líneas que se generan al atar el tejido. Los
motivos resultantes son más marcados y atrevidos, con lo que
se consiguen fantásticas piezas con un estilo propio. Con este
shibori contemporáneo, basado en técnicas milenarias, se
pueden crear piezas singulares, sencillas y atractivas con un
diseño actual.

Empezaremos con un tejido blanco o de color claro, que
colocaremos extendido en una tina para tintura poco profunda.
El tejido, humedecido y sometido a un tratamiento previo, se
dispone formando picos y remolinos elevados sobre una base
en la que se verterá el colorante. Una vez se han mezclado y
preparado los tintes concentrados, se rocían, se vierten o se
salpican sobre las zonas seleccionadas. Los colores se mezclarán
entre sí, combinándose de manera orgánica, y los picos elevados
quedarán libres de tinte o presentarán tonos difuminados.

Al trabajar la tinción localizada, la elección del color es uno
de los elementos más importantes del diseño, ya que una
combinación de tonos inapropiada puede dar resultados poco
satisfactorios. Esta es la técnicaes más fácil del shibori y
constituye una manera excelente de introducir a los niños
en la vertiente lúdica del tie-dye.

2

1

## Material
## necesario

Cubo para remojo

Agua hirviendo

Ceniza de sosa

Tejido de algodón o de
fibras naturales (1)

Mascarilla de papel

Guantes de goma

Tina para tintura
poco profunda (2)

Tinte reactivo (3)

Lámina de plástico
o film transparente

Jarra o botella para
rociar el tejido (4)

**2**

**4**

# Cómo realizar una tinción localizada

**1** Llena un cubo con agua caliente, añádele 2 cucharadas soperas de ceniza de sosa y remueve hasta que se haya disuelto.

**2** Con cuidado, sumerge el tejido en el cubo y déjalo en remojo 20 minutos; remueve el agua de vez en cuando.

**3** Saca el tejido del cubo y escurre el agua sobrante, sin aclarar.

**4** Extiéndelo en una tina para tintura poco profunda.

5

6

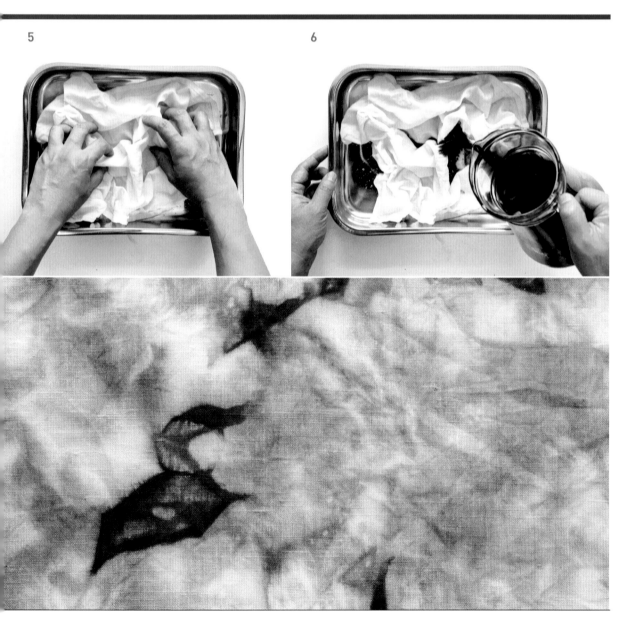

**5** Forma picos y remolinos elevados en el tejido colocado en la tina, creando así zonas bajas donde pueda depositarse el tinte.

**6** Mezcla 5 g de tinte reactivo con 300 ml de agua templada y, utilizando una jarra o una botella para rociar, viértelo en los pliegues y arrugas que se han formado.

**7** Tapa la tina con la lámina de plástico o el film transparente, sin tensarla en exceso, y deja que el tinte actúe toda la noche.

**8** Extrae la tela de la tina y aclárala con agua fría hasta que salga limpia.

## 1 Tinción con hielo

Con este innovador y divertido método podrás conseguir caprichosos motivos y texturas.

Prepara cubitos de hielo en número suficiente como para cubrir el tejido. Disuelve 2 cucharadas soperas de ceniza de sosa en un cubo con agua hirviendo y pon la tela en remojo en esta solución durante 30 minutos. Extráela, escurre el agua sobrante y colócala formando pliegues y picos sobre una rejilla de horno usada que situarás sobre una bandeja poco profunda para recoger el hielo fundido.

Saca los cubitos del congelador y ponlos sobre el tejido formando el diseño que desees. Escoge tintes en polvo de colores complementarios y, con una cuchara usada, espolvoréalos sobre el hielo hasta cubrirlo. Deja reposar la bandeja con la rejilla en un sitio seguro durante 24 horas, mientras el hielo se derrite y obra su magia.

Transcurrido este período, el tinte habrá quedado fijado al tejido. Aclárralo bien con agua fría hasta que esta salga limpia.

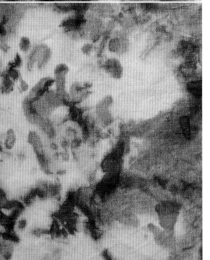

## 2 Tinción localizada con dos colores

Este proceso es extremadamente divertido y permite conseguir piezas impactantes y coloristas, por lo que resulta perfecto para los niños.

Pon el tejido en remojo en un cubo con agua hirviendo y ceniza de sosa. Transcurridos 30 minutos, extráelo y escurre el agua sobrante. Coloca la tela en una tina poco profunda, pellizcándola para crear picos y remolinos y dejando zonas en las que se depositará el tinte disuelto. Mezcla 5 g de cada tinte reactivo con 300 ml de agua templada y vierte cada uno de los colores en una jarra o en una botella para rociar. Tras aplicar los tintes sobre las zonas del tejido que desees, cubre la tina con film transparente para uso alimentario y deja que estos actúen durante toda la noche.

Al día siguiente, saca la tela de la tina y aclárala hasta que el agua salga limpia.

## 3 Decoloración localizada sobre denim

Las texturas que se obtienen con la decoloración localizada son un modo divertido y moderno de decorar el denim con motivos espectaculares y singulares.

Coloca el tejido en una tina poco profunda, pellizcándolo para crear picos y remolinos y formar zonas en las que se depositará la solución decolorante, que prepararás mezclando 100 ml de lejía con 250 ml de agua. Utilizando una jarra o una botella para rociar, viértela sobre los pliegues y arrugas que se han formado. Coloca la tina en un sitio seguro y deja que el tejido se decolore; si transcurridas 2 horas el resultado no es satisfactorio, prepara una solución decolorante más potente disolviendo, por ejemplo, 200 ml de lejía en 250 ml de agua, y agrégala a la tina dejando que el tejido alcance el color deseado.

Una vez completado el proceso de decoloración, aclara bien la lejía y prepara una solución para neutralizarla, a razón de 1 cucharada sopera de metabisulfito de sodio por cada 10 l de agua. Deja la pieza en remojo en esta solución durante 2 horas, sácala de la tina y aclárala de nuevo.

# Proyecto: Camino de mesa y servilletas con tinción localizada

La sencilla técnica de la tinción localizada se presta especialmente a la creación de motivos suaves, semejantes a acuarelas, que pueden conferir un toque original a cualquier servicio de mesa. En este proyecto se han utilizado tintes reactivos en tonos rosa, gris y azul.

Al realizar una tinción localizada con varios colores, es importante que elijas tonos que combinen bien.

1 Lava el camino de mesa y las servilletas antes de teñirlos.

2 Llena un cubo con agua hirviendo, añádele 2 cucharadas soperas de ceniza de sosa y remueve hasta que se disuelva. Con cuidado, introduce el camino de mesa y las servilletas en la solución y déjalos en remojo 20 minutos, removiendo el agua de vez en cuando.

3 Saca las piezas del cubo y escúrrelas para eliminar el agua sobrante, pero no las aclares.

4 Colócalas en una tina poco profunda, formando picos y remolinos para crear áreas en las que depositar el tinte.

5 Mezcla 5 g de cada uno de los tintes reactivos con 300 ml de agua templada y pon cada color en una botella para rociado. En este proyecto se han utilizado cuatro tintes reactivos, en tonos rosa melocotón, azul índigo, azul turquesa y gris oscuro. Empleando las botellas por turnos, rocía poco a poco el tinte concentrado sobre los pliegues y las arrugas del tejido.

6 Tapa la tina con film transparente y deja que el baño actúe toda la noche.

7 Al día siguiente, saca las piezas de la tina y acláralas con agua fría hasta que esta salga limpia.

## Consejos para la tinción localizada

Los tintes reactivos son los más permanentes de entre los disponibles en el mercado. Esto se debe a la reacción química que se produce al añadir ceniza de sosa al baño de tinte, por la que este pasa a integrarse en las moléculas de la fibra. El remojo del tejido en ceniza de sosa antes de la tinción prepara la pieza, formando una base para que pueda producirse la reacción.

Los tintes reactivos son los más recomendables a la hora de teñir tu camino de mesa y tus servilletas, ya que se encuentran disponibles en un amplio surtido de colores y mantienen su viveza durante largo tiempo, a pesar de los sucesivos lavados.

# Estampación al óxido

Transferir óxido a los tejidos para crear motivos de bellos colores no solo constituye una de las técnicas de estampación más gratificantes a nivel estético sino que es también la más divertida. Basta con buscar viejos objetos de metal oxidado.

Esta técnica se basa en utilizar objetos oxidados que actúen simultáneamente como colorante y reserva. Existen métodos muy variados para emplear el óxido en la coloración de tejidos: puedes crear formas bien definidas o réplicas perfectas que imiten sobre el tejido la pieza oxidada de tu elección, o bien impresiones abstractas que conseguirás envolviendo tejido húmedo alrededor de la pieza y atándolo en diferentes puntos. Otros procesos alternativos incluyen sumergir el tejido atado en agua o colocar las piezas oxidadas sobre un tejido húmedo situado en una superficie plana hasta que este se seque.

Esta técnica no consiste tanto en seguir instrucciones como en experimentar con ella para ver qué resultados se obtienen. Uno de sus aspectos más apasionantes es que puedes crear tu propio colorante a partir del óxido: sumerges viejos objetos oxidados en agua y logras un colorante funcional. Puedes atar el tejido siguiendo cualquiera de las técnicas que aparecen en este libro y después teñirlo con tu colorante mágico.

Cuando los motivos que haya plasmado el óxido sobre el tejido sean de tu gusto, detén el proceso y pon la tela en remojo en agua con sal para evitar que se desintegre. Los colores obtenidos presentarán matices terrosos y orgánicos, con tonalidades difíciles de imitar con tintes sintéticos. Esta es una introducción a la creación de colorantes naturales utilizando objetos encontrados por azar.

## Material necesario

Dos piezas de tejido de lino o de fibras naturales, blancas o de color claro (1)

Vinagre de vino blanco (2)

Cubo para remojo

Dos láminas protectoras de plástico

Toalla

Objetos viejos oxidados (3)

Pesas u objetos pesados para usar como lastre (4)

Botella con atomizador

Sal (5)

1

4

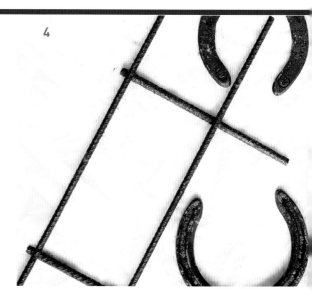

# Cómo utilizar el óxido como colorante

**1** Pon los tejidos en remojo en un cubo que contenga vinagre de vino blanco y agua, a partes iguales y en cantidad suficiente como para cubrirlos por completo, y déjalos durante 1 hora, aproximadamente.

**2** Coloca una de las láminas protectoras de plástico sobre una superficie plana que no debas usar durante una semana, ya que este será el tiempo que necesitarás para teñir la pieza

**3** Saca el tejido del cubo, escúrrelo y elimina el agua sobrante con una toalla.

**4** Extiende una de las piezas humedecidas sobre la lámina de plástico. Coloca los objetos oxidados sobre ella haciendo una composición que te resulte atractiva.

6

**5** Coloca la segunda pieza humedecida con vinagre encima de los objetos oxidados y cúbrela con la segunda lámina de plástico.

**6** Pon las pesas sobre el plástico, intentando que el peso se distribuya de manera uniforme para conseguir una estampación óptima de los motivos. Deja reposar el tejido durante una semana.

**7** Comprueba la evolución del proceso dos veces al día, levantando las pesas con cuidado y retirando la lámina de plástico. Si el tejido está seco, pulverízalo con vinagre y vuelve a colocar encima el plástico y las pesas.

**8** Cuando la impresión dejada por el óxido sea de tu agrado, retira los objetos oxidados. Prepara una solución de agua salada, a razón de 3 cucharadas soperas de sal por 1 l de agua, y sumerge en ella los tejidos durante 2 horas. Después, acláralos con agua fría.

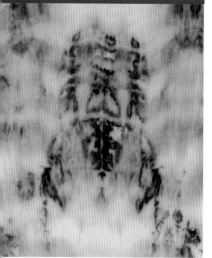

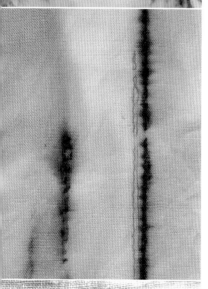

## 1 Estampación con objetos oxidados envueltos en tejido

Esta técnica genera piezas abstractas singulares cuya textura refleja la forma del objeto utilizado. Herraduras, llaves y utensilios de cocina oxidados resultan idóneos para trabajar con ella.

Pon el tejido en remojo en un cubo que contenga agua y vinagre de vino blanco, a partes iguales y en cantidad suficiente como para cubrirlo completamente. Transcurrida 1 hora aproximadamente, extrae el tejido del cubo y escúrrelo. Luego, envuélvelo alrededor del objeto oxidado que hayas elegido apretándolo firmemente, fíjalo con gomas elásticas y coloca la pieza sobre una lámina protectora de plástico durante 24 horas, si deseas obtener un tono claro, o entre 3 y 5 días, si quieres que adquiera una tonalidad más oscura. Si durante este tiempo el tejido se seca, pulverízalo con vinagre de vino blanco. Cuando el tono obtenido con el óxido sea satisfactorio, desenvuelve la tela y retira el objeto oxidado.

Prepara una solución de agua salada para neutralizar el proceso de oxidación a razón de 3 cucharadas soperas de sal por 1 l de agua, y sumerge el tejido en ella durante 2 horas. Después, acláralo con agua fría.

## 2 Rayas al óxido

Podemos crear reservas en forma de raya utilizando barras, cilindros o clavijas de metal oxidados.

Pon dos piezas de tejido en remojo en un cubo que contenga vinagre de vino blanco y agua, a partes iguales y en cantidad suficiente como para cubrirlas por completo. Déjalas durante 1 hora. Extiende una lámina protectora de plástico sobre una superficie plana que no vayas a necesitar durante una semana (el tiempo necesario para teñir el tejido).

Saca las piezas del cubo y escúrrelas. Extiende una de ellas sobre una lámina protectora, coloca los objetos oxidados encima, según el diseño que hayas ideado, y cúbrelo con la segunda pieza, que a su vez taparás con la otra lámina protectora de plástico. Pon pesas sobre ella.

Deja que el óxido actúe durante una semana. Examina la pieza dos veces al día y si el tejido se seca, pulverízalo con vinagre de vino blanco y vuelve a colocar en su lugar la lámina protectora y las pesas. Cuando la impresión dejada por el óxido sea de tu agrado, retira los objetos oxidados y prepara una solución de agua salada para neutralizar el proceso de oxidación, a razón de 3 cucharadas soperas de sal por 1 l de agua. Sumerge las piezas en la solución y déjalas reposar durante 2 horas. Para finalizar, acláralas con agua fría.

## 3 Óxido y arashi

Esta es una versión contemporánea de la técnica arashi de estampación por reserva con cilindro.

Pon el tejido en remojo en un cubo con vinagre de vino blanco y agua, a partes iguales y en cantidad suficiente como para cubrirlo por completo. Transcurrida 1 hora, aproximadamente, extrae el tejido del cubo y escúrrelo. Enróllalo en sentido longitudinal alrededor de un cilindro oxidado y fija la tela a los extremos con gomas elásticas. Luego, coloca más gomas a lo largo del cilindro, comprimiendo el tejido a medida que avances.

Cubre el tejido con film transparente y déjalo reposar durante 24 horas, si deseas una coloración clara, o entre 3 y 5 días, si prefieres una tonalidad más oscura. Si en este tiempo la tela se seca, pulverízala con vinagre de vino blanco. Cuando el tejido haya alcanzado el tono deseado, desenvuélvelo y retira el cilindro.

Prepara una solución de agua salada para neutralizar el proceso de oxidación, a razón de 3 cucharadas soperas de sal por 1 l de agua, y sumerge el tejido en ella. Transcurridas 2 horas, aclárala con agua fría.

# Proyecto: Tapiz con estampado de herraduras en óxido

Las herraduras oxidadas crean motivos espectaculares sobre el lino natural. La experimentación con el óxido es una excelente manera de iniciarse en los tintes naturales y sus posibilidades. Con cualquier objeto oxidado te será fácil crear obras de diseño único que dejarán una impronta oxidada y duradera.

Al utilizar herraduras oxidadas para crear motivos geométricos obtendrás piezas llamativas y de gran fuerza visual.

**1** Pon el tejido de lino en remojo en un cubo con agua y vinagre de vino blanco, a partes iguales y en cantidad suficiente como para cubrirlo por completo. Déjalo reposar durante 1 hora, aproximadamente.

**2** Coloca una lámina protectora de plástico sobre una superficie plana en un sitio en el que pueda reposar una semana, que es el tiempo necesario para que el óxido actúe sobre el tejido.

**3** Extrae el tejido del cubo, escúrrelo con una toalla para eliminar el agua sobrante y extiéndelo sobre la lámina protectora.

**4** Pon las herraduras oxidadas sobre una de las mitades de la pieza, formando una hilera, y dobla el resto del tejido colocándolo sobre las herraduras. Cubre el conjunto con una segunda lámina de plástico y pon pesas sobre ella para asegurar que el óxido se transfiera al tejido de manera óptima. Deja reposar durante una semana.

**5** Examina la pieza con regularidad, retirando cuidadosamente las pesas y levantando el plástico. El óxido puede tardar uno o dos días en actuar sobre ella. Si se seca, pulverízala con vinagre y vuelve a taparla con la lámina de plástico y las pesas encima. Cuando el tejido alcance la tonalidad de óxido deseada, traslada las herraduras a otra zona, formando una nueva hilera, y cubre de nuevo el conjunto con la lámina protectora y las pesas. Mientras reposa, revísalo con regularidad y mantén el tejido húmedo. Puedes recolocar los objetos oxidados las veces que quieras hasta completar tu diseño.

**6** Cuando el diseño obtenido mediante el óxido sea de tu agrado, retira los objetos oxidados y pon el lino en remojo en un cubo con agua en el que habrás disuelto 3 cucharadas soperas de sal. Deja que la solución neutralice el proceso de oxidación durante 2 horas, aclara la pieza con agua fría y déjala secar tendida al aire libre.

## Consejos para la estampación con óxido

La oxidación es un proceso que tiene lugar de manera natural cuando el hierro reacciona ante la presencia del oxígeno, dando lugar a un bello color naranja tostado. Existen distintas maneras de aprovechar este fenómeno natural, y una de ellas es la transferencia del óxido al tejido.

También puedes teñir un tejido estampado con motivos al óxido. El color naranja natural que este produce combina muy bien con el índigo, aunque también puedes colorear el tejido con tintes reactivos en agua fría para añadirle tonalidades complementarias.

NOTA: el óxido puede debilitar las fibras del tejido, por lo que no resulta recomendable utilizarlo para teñir piezas que requieran lavados frecuentes.

# Índice

# Recursos de utilidad

**España**

www.disbur.com
www.shanghaibellasartes.com
www.coloranteselcaballito.com
www.tobasing.com
www.artemiranda.es
www.solucionesparalaropa.com
mitiendadearte.com
www.mundolanar.com

**EE UU**

www.aljodye.com
www.dharmatrading.com
www.earthguild.com
www.gsdye.com
www.maiwa.com
www.prochemicalanddye.com

**Reino Unido**

www.thedyeshop.co.uk
www.georgeweil.com
www.kemtex.co.uk
www.omegadyes.co.uk
www.rainbowsilks.co.uk

**Australia**

www.dyeman.com
www. kraftkolour.com.au
www.shibori.com.au
www.silksational.com.au

# Créditos

Quarto desea agradecer a Elin Noble su valiosa contribución editorial a este volumen.
Todas las imágenes son propiedad de Quarto Publishing plc. Aunque se han hecho todos los esfuerzos posibles para acreditar a quienes han contribuido en este volumen, la editorial pide disculpas en caso de haberse producido errores u omisiones y procederá a efectuar las correspondientes enmiendas en futuras ediciones del libro.

# Agradecimientos de las autoras

Queremos dar las gracias a las siguientes personas:
John Mangila, Luisa Brimble, el equipo de Quarto, Leah Rauch, Lee Mathews, SophieTrippe, el equipo de Koskela, Roslyn y Jose Martin, Cameron Haughey, Alexis Wolloff, Susan, Reuben y Johnathan Davis, Sylvia Riley, Alena Petrikova y Anna Knutzelius.